沖繩

29

City Target

MOOK

是日本唯一沒有JR的地方？！◎曾是黑市？！國際通的前世今生◎「奇蹟的一英里」稱號◎為何牧市場要加「第一」？◎沖繩鮪魚產量是日本第三！◎神社怎麼拜？要投多少錢？◎波上宮沒有參首里城正殿大樑木材來自台灣！◎瀨長島是求子聖地！◎鐘乳石如何形成？◎玉泉洞鐘乳石生長人！◎日本漢字「外人」＝「外國人」？◎讀谷榮登日本人口最多的「村」◎真榮田？與眾不同的沖繩勝連城曾是東洋貿易轉口港！◎花火大會私房觀賞景點◎冠以「美麗」之名，水族館名的寓意◎以前叫「戀島」◎日本最早櫻花季◎西海岸曾是G8高峰會舉辦地◎萬座毛千萬不要晚上去！背後驚悚◎為什麼沖繩的海特別藍？◎鬧鬼了？車子竟坡？！◎宮古島神奇合照景點─まもる君◎連續數網站Tripadvisor選為日本最佳海灘◎小小的沖繩竟界文化遺產？！◎沖繩是日本唯一沒有JR的地方？！◎市？！國際通的前世今生◎「奇蹟的一英里」稱號◎公設市場要加「第一」？◎沖繩鮪魚產量是日本第三

怎麼拜？要投多少錢？◎波上宮沒有參拜鈴！首里城正殿大樑木材來自台灣！◎瀨長島是求◎鐘乳石如何形成？◎玉泉洞鐘乳石生長速度超驚人！◎日本漢字「外人」＝「外國人」？◎讀谷人口最多的「村」◎真榮田？與眾不同的沖繩姓氏◎勝連城曾是東洋貿易轉口港！◎花火大會私點◎冠以「美麗」之名，水族館名的寓意◎古宇利島以前叫「戀島」◎日本最早櫻花季◎西海岸峰會舉辦地◎萬座毛千萬不要晚上去！背後原因很驚悚◎為什麼沖繩的海特別藍？◎鬧鬼了？會自己爬坡？！◎宮古島神奇合照景點─まもる君◎連續數年被旅遊網站Tripadvisor選為日本最◎小小的沖繩竟有9處世界文化遺產？！◎沖繩是日本唯一沒有JR的地方？！◎曾是黑市？！國際世今生◎「奇蹟的一英里」稱號◎為何牧志公設市場要加「第一」？◎沖繩鮪魚產量是日本第三！怎麼拜？要投多少錢？◎波上宮沒有參拜鈴！首里城正殿大樑木材來自台灣！◎瀨長島是求◎鐘乳石如何形成？◎玉泉洞鐘乳石生長速度超驚人！◎日本漢字「外人」＝「外國人」？◎讀谷人口最多的「村」◎真榮田？與眾不同的沖繩姓氏◎勝連城曾是東洋貿易轉口港！◎花火大會私房點◎冠以「美麗」之名，水族館名的寓意◎古宇利島以前叫「戀島」◎日本最早櫻花季◎西海岸峰會舉辦地◎萬座毛千萬不要晚上去！驚悚◎為什麼沖繩的海特別藍？◎鬧鬼了？車己爬坡？！◎宮古島神奇合照景點─まもる君◎連續數年被旅遊網站Tripadvisor選為日本最小小的沖繩竟有9處世界文化遺產？！◎沖繩是日本唯一沒有JR的地方？！◎曾是黑市？！國際今生◎「奇蹟的一英里」稱號◎為何牧志公設市場要加「第一」？◎沖繩鮪魚產量是日本第三！拜？要投多少錢？◎波上宮沒有參拜鈴！首里城正殿大樑木材來自台灣！◎瀨長島是求子

沖繩

29

City Target

contents

◎水族館名的寫意◎古宇利島以前叫「戀島」◎日本最早櫻花季◎西海岸曾是G8高峰曾舉辦其
古島神奇合照景點　まもる君◎連續數年被旅遊網站Tripadvisor選為日本最佳海灘◎小小的沖繩的
一英里」稱號◎為何牧志公設市場要加「第一」？◎沖繩鮪魚產量是日本第三！◎神社怎麼拜？

003

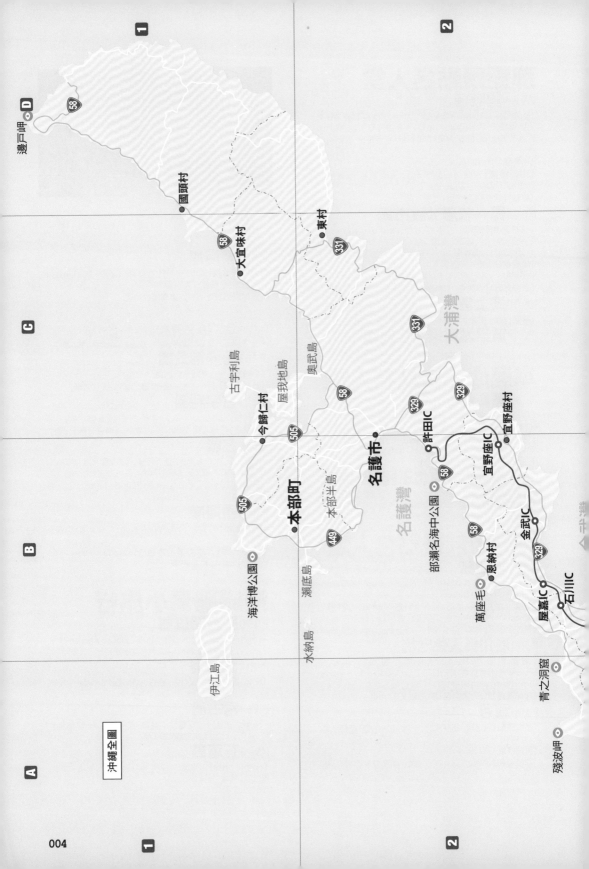

A

B

C

D

沖繩全圖

邊戶岬 D

58

國頭村

58

大宜味村

東村

331

331

大浦灣

58

古宇利島

今歸仁村

屋我地島

奧武島

329

329

許田IC

宜野座IC

宜野座村

金武IC

505

505

本部町

名護市

本部半島

329

本部半島

449

名護灣

部瀨名海中公園

石川IC

屋嘉IC

恩納村

58

58

萬座毛

海洋博公園

瀨底島

水納島

青之洞窟

中城灣

伊江島

殘波岬

鹿兒島縣

沖繩縣

太平洋

東海

大東諸島

沖繩諸島

先島諸島

N

北大東島
南大東島
沖大東島

伊平屋島
伊是名島
粟國島
渡名喜島
慶良間列島
沖繩島
鳥島
久米島

宮古島
多良間島
石垣島
与那國島
鳩間島
西表島
波照間島

硫黃鳥島

伊計島
宮城島
平安座島
浜比嘉島
薮地島
与勝半島
海中道路
浮原島
南浮原島
津堅島
久高島
知念岬

うるま市
沖繩市
北谷町
沖繩北IC
沖繩南IC
北中城村
北中城IC
中城村
中城町
西原町
西原JctIC
西原IC
嘉手納町
宜野灣市
浦添市
那霸市
豐見城市
系滿市
南城市
那霸機場
平和祈念公園

58
329
329
329
331
331
331
507
331
58
58
330
332

中城灣

3

4

A

B

C

D

出發！沖繩城市資訊

免簽證

2005年8月5日通過台灣觀光客永久免簽證措施，即日起只要是90日內短期赴日者，即可享有免簽證優惠，使得旅行日本更加便利。

免簽證實施注意事項

對象： 持有效台灣護照者(僅限護照上記載有身分證字號者)。

赴日目的： 以觀光、商務、探親等短期停留目的的赴日(如以工作之目的赴日者則不符合免簽證規定)。

停留期間： 不超過90日期間。

出發入境地點： 無特別規定。

沖繩在那裡？

沖繩縣與台灣相距約642公里，位在九州與台灣之間，飛機僅僅75分鐘便可到達。沖繩縣由沖繩本島、宮古群島、八重山群島等160多個大小島嶼所組成，有人居住的島嶼約為48個。

城市氣候

沖繩屬亞熱帶海洋性氣候，年平均氣溫為22.4度。冬季比台北溫暖，夏季雖然陽光較為強烈，但氣溫比台北稍低，並不似台北般的悶熱。每年約5月中旬至6月底為梅雨季，7~9月間會有颱風侵襲。1月因東北季風而經常下雨，寒流來時最冷還會到10℃左右。

航班資訊

那霸機場OKA，沖繩縣

☎098-840-1151 ⊕www.naha-airport.co.jp

新石垣機場

⊕www.ishigaki-airport.co.jp/tcn

那霸機場分為國際線和國內線航廈，2019年3月18日起新航廈啟用，國內線和國際線以連通道路串連，原先LCC臨時航廈也併入新航廈，搭廉航、電車再也不需轉乘接駁。

從台灣就有多家航空公司可直飛串聯沖繩，而且飛航時間僅需1~1.5小時，航程相對輕鬆。可以選擇飛往沖繩本島：那霸機場(OKA)，或是離台灣更近的石垣島：新石垣機場(ISG)。前者是規劃前往沖繩本島、慶良間群島旅遊的首選；後者則適合規劃石垣島與周邊竹富島、小浜島與西表島的跳島之旅。

而從台灣不論是從台北桃園國際機場(TPE)、高雄國際機場(KHH)都有航班前往，惟因疫情期間，本書截至2023年6月出刊前，各航空公司的航班及班表變動幅度較大，詳細而正確的航班資訊，請洽各大航空公司或上網進一步查詢確認。

航空公司資訊

・**中華航空(CI)**

☎02-412-9000 ⊕www.china-airlines.com/tw/zh

- **長榮航空(BR)**

☎02-2501-1999　🌐www.evaair.com/zh-tw/

- **台灣虎航(IT)**

☎02-5599-2555　🌐www.tigerairtw.com/zh-tw

- **樂桃航空(MM)**

☎02-8793-3209(客服中心)　🌐www.flypeach.com/tw

- **星宇航空(JX)**

☎02-2791-1199　🌐www.starlux-airlines.com/zh-TW

台北駐日經濟文化代表處 那霸分處

遭遇到任何問題與麻煩，如護照遺失、人身安全等，可與辦事處連絡。

🚃單軌電車県庁前駅、美栄橋駅步行約6~8分

🏠那霸市久茂地3-15-9 Alte大廈6樓

☎098-862-7008

🕐週一~五9:00~11:30、13:00~17:30

郵政

郵筒分紅、綠兩色，紅色寄當地郵件，綠色寄外國郵件(有些地區只有一個紅色郵筒兼收)。市區主要郵局開放時間，週一~五為9:00~19:00，週六為9:00~17:00。

航空明信片郵資日幣70圓，航空郵件郵資日幣90圓(限10公克以下，寄往亞洲國家，不包括澳洲、紐西蘭，10公克以上，每10公克加日幣60圓)。

退稅手續

日本的消費稅已在2019年10月從原本的8%調漲至10%。購物、車票、門票等也都會跟著漲價，但日本政府也提供配套措施，例如在購買食品或飲料(不包含酒類)、用餐，內用需收10%消費稅，外帶則維持8%消費稅。2020年4月，新的退稅手續又有大進化，主要是將退稅紙本電子化，無紙環保更輕鬆，以往不論在哪買退稅商品，最終會拿到一疊厚厚的退稅單據，然後釘在你的護照上，回國時才由海關取走，而最新規範則將不會再有這些複雜單據，所有購物紀錄都會被以數據方式上傳，在辦理離境手續時，只要一刷護照，海關就可以從電腦上來確認你的免稅購物明細了。

❶因為是漸進式推行的退稅系統，也有可能遇到還尚未系統電子化的商家，仍維持傳統紙本方式退稅

詳細的退稅條件如下：

選購商品

同一日同間商店購買「消耗品」滿¥5000以上，或「一般品」滿¥5000以上。

結帳

結帳時表示欲享免稅，並出示護照。短期停留的觀光客才享有退稅資格。有的百貨、商店有專門退稅櫃台，可結帳後再到退稅櫃台辦理。

- ·填寫基本資料／在購買者誓約書上簽名
- ·取回商品與護照，護照上的「購買記錄票」不可撕掉，出境過海關時將被海關取走。

注意事項

- ·食品、飲料、化妝品、藥品、菸酒等稱為「消耗品」，百貨服飾、家電用品等稱為「一般品」。
- ·一般品可以拆箱使用，而消耗品原則上需要在出境時帶在身邊讓海關檢查，但如果買了酒、飲料等液態食品，或是化妝水、乳液等保養品不能帶入機艙，必須要放入託運行李中時，可在結帳退稅時請店員分開包裝，但切記裝入行李箱時一樣不可打開包裝袋或箱子，以免稅金被追討。

國定假日(2023年)

12月29日~1月3日	新年假期
1月第二個週一	成人之日
2月11日	建國紀念日
3月20日或21日	春分之日
4月29日	昭和之日
5月3日	憲法紀念日
5月4日	綠之日
5月5日	兒童之日
7月第三個週一	海洋之日
8月11日	山之日
9月第三個週一	敬老之日
9月22日或23日	秋分之日
10月第二個週一	體育之日
11月3日	文化之日
11月23日	勤勞感謝日
12月23日	天皇誕辰

※若假日當天為週末假期，隔天為補假

從機場進入市區

那霸機場→沖繩各區

從那霸機場進入市區的交通共有四種方式，分別為單軌列車、機場巴士、自駕以及計程車。

單軌電車(ゆいレール)

其中最簡單且最便宜的方式便是單軌列車，由於不需要換乘且僅需十到二十分鐘即可抵達市區，因此非常適合沖繩初心者使用。單軌電車車站位在國內線航廈，從台灣飛抵那霸機場後，需要先前往國內線航廈，從2樓的連接步道徒步約10分鐘。

◎路線與價格指南

目的地	交通方式	時間	價格
県庁前駅 (國際通西端)		約12分	大人¥270、 小孩¥140
牧志駅 (國際通東端)	單軌電車	約16分	大人¥300、 小孩¥150
泊港(とまりん)		至美栄橋駅約14分，再往北步行約10分。	大人¥300、 小孩¥150

機場巴士

那霸機場共有兩種巴士，分別為利木津巴士與一般巴士。利木津巴士按照目的地不同，可分為A、B、C、D以及E等路線，各路線分別可通往那霸市區、讀谷巴士總站、名護巴士總站以及本部地區。需要注意的是，利木津巴士不提供車上售票服務，必須先至機場一樓櫃台購買乘車券(回程可在飯店或那霸巴士總站購票)。

那霸機場通往市區的一般巴士(亦稱路線巴士)價格相對便宜，共有23號、26號、99號等多條路線，其中111號可通往名護巴士總站、117號可通往名護與美麗海水族館。

機場直達飯店
利木津巴士可從機場直接前往度假飯店，車票需於國內線航廈內1樓入境大廳的空港リムジンバス(空港利木津巴士)詢問處購買。由於班次和路線會依季節調整，請務必先向入住飯店進行確認。
🔗 okinawabus.com/wp/ls
❶主要停靠飯店也可至巴士公司官網確認 (網址：okinawabus.com/wp/ls/ls_systemdiagram2/)

那霸機場

322

58

國際線旅客
航站大廈

那霸
機場

322

國內線旅客
航站大廈

那霸空港駅

ゆいレール
(單軌電車)

◎路線與乘車指南

國內線巴士乘車處	巴士資訊
1號乘車處	卡努佳度假村接駁巴士 機場免費接駁車(國際線—國內線)
2號乘車處	[111]高速巴士：往那霸巴士總站(旭橋)、中城、沖繩南IC、宜野座IC、名護巴士總站等
	[117]高速巴士：直達美麗海水族館
	YKB山原急行巴士：往今歸仁城跡、美麗海水族館
3號乘車處	[23]具志川線：往那霸巴士總站(旭橋)、泊高橋、具志川巴士總站等
	[25]普天間空港線：往那霸巴士總站(旭橋)、縣廳北口、普天間、イオンモール沖繩ライカム
	[26]宜野湾空港線：往那霸巴士總站(旭橋)、泊高橋、宜野湾營業所等
	[99]天久新都心線：往那霸巴士總站(旭橋)、泊高橋、浦添總合病院西口、宜野湾營業所等
	[113]具志川空港線：往那霸巴士總站(旭橋)、中城、うるま市役所前、具志川巴士總站等
	[120]名護西空港線：往那霸巴士總站(旭橋)、縣廳北口、松尾、牧志、港川、琉球村、萬座海灘前、許田、名護城入口、名護巴士總站等處
	[125]普天間空港線：往那霸巴士總站(旭橋)、縣廳北口、普天間、イオンモール沖繩ライカム
	[152]永旺夢樂城沖繩來夢線：往那霸巴士總站(旭橋)、中城、永旺夢樂城等
4號乘車處	[83]玉泉洞線：往那霸巴士總站(旭橋)、縣廳南口、玉泉洞前 [189]糸 空港線：往糸滿市場入口、糸滿巴士總站
12號乘車處	利木津巴士：前往中北部各大度假飯店、美麗海水族館 OAS沖繩機場接駁巴士：往萬座海毛、美麗海水族館、備瀨福木林道

2022年11月7日起，沖繩旅遊也能「嗶」台灣悠遊卡！

由悠遊卡公司與琉球銀行合作，現在起出發去琉球，在沖繩本島包含離島等多達2,000多個店家、交通工具等，都能拿出台灣的悠遊卡，直接機器感應支付小額消費，像是許多人最愛的國際通、美國村、美麗海水族館等，通通可以用。而在交通工具上，則琉球當地計程車、Yanbaru Express Bus山原高速巴士、伊江島觀光巴士等大眾交通運具也支援嗶卡。(適用範圍詳見悠遊卡公司官網：www.easycard.com.tw/use-range)

單次消費額限制：一般悠遊卡上限台幣1,500元，超級悠遊卡上限台幣1萬元

如何加值：需下載悠遊付EasyWallet App並註冊為會員，綁定本人悠遊卡後，就能開通自動加值功能

網站：www.easycard.com.tw/new?cls=1&id=1666775749

租車自駕

沖繩離開那霸市區後大眾交通系統較為不便，自行駕車旅遊成為最為方便省時、也廣為接受的交通方式。租車及開車相關資訊詳見P.13

計程車

沖繩計程車費率較日本本島便宜，起跳價為450~550日圓，夜間時段(晚上10時~凌晨5時)車資加乘，高速公路與一般路段車資率也不一，從機場到國際通車資約980日圓。須注意的是，上車後務必繫妥安全帶。此外，一般車型最多僅能搭乘四人，若是人數超過或是行李過多，請分開搭乘。

Do YOU KnoW

抵達沖繩隔日再租車比較省錢！

許多租車公司都會在單軌列車車站徒步五分鐘的距離內駐點，因此遊客也可以在第一天抵達沖繩後，先搭乘單軌列車到飯店休息，隔日再租車，不但可以省下第一天的租車費，還可以省下過夜的停車費(那霸市區內的旅館及飯店通常不提供免費停車，需支付800至1500日圓不等的停車場使用費)。

選擇不能症看這裡！
無法選擇要以什麼方法進入沖繩市區，幫你把利弊都整理好了，就看這個表吧！

	機場巴士	單軌電車	租車自駕	計程車
行李又多又重	○	△	○	○
只要便宜就好	△	○	△	✕
只要輕鬆就好	○	△	○	○
沒時間，要快點	△	○	✕	○

○=適合 △=還可以 ✕=不適合

沖繩交通攻略

　　沖繩的交通網以使用汽車為主，沖繩本島有高速道路貫穿，且有多條公車路線覆蓋，為了服務觀光客，也不乏觀光巴士的行程可供選擇，另外在那霸市內有沖繩唯一的鐵路運輸那霸市單軌電車，提供給旅客代步。

電車
沖繩都市單軌電車「Yui Rail」
沖繩都市モノレール「ゆいレール」

　　2003年正式營運的沖繩都市單軌電車「Yui Rail」是沖繩唯一的鐵路交通系統，串聯那霸市區內的那霸機場、國際通、牧志、新都心、首里等地點，2019年10月1日起路線從首里延伸至日子浦西；由起站那霸機場到底站日子浦西約需40分。
◐每小時5~9班車，各站間行駛時間約2~3分鐘，首班車為早上6:00、末班車則是23:30發車，雙向皆同。
⊙單程票依距離分為￥230、￥270、￥300、￥340、￥370，小孩為￥120、￥140、￥150、￥170、￥190，另售有一日/二日乘車券。
ⓦwww.yui-rail.co.jp

DO YOU KnoW
沖繩是日本唯一沒有JR的地方？！

日本JR前身日本國鐵早期在進行鐵路拓展計畫時，沖繩仍處於美國的統治之下，因此並未能夠實施鐵路建設。然而1972年沖繩回歸日本，卻因為國鐵面臨赤字危機，仍未能在縣內鋪設鐵路。爾後因平面道路與高速公路發展快速，沖繩縣民早已習慣以車代步，因此鐵路需求自然大大降低。

巴士

市內線巴士

　連接那霸市區的巴士，號碼都在20號以下；反之市外線則是號碼在20號以上。市內線車資一率為大人￥240，小孩￥120。市內線和市外線在國際通上的停靠站不同，乘車時請務必注意。

市外線／路線巴士

　包括琉球巴士、沖繩巴士、那霸巴士和東陽巴士等4家巴士公司，是連接那霸和沖繩南部、中北部的長途巴士。大部分巴士會由旭橋站附近的那霸巴士總站出發，按距離計費，上車時記得抽取「整理券」，下車時再對照價格表付車資。

◎實用路線巴士一覽表

目的地	起站	迄站	班次	時間	單程車資
文化王國玉泉洞	那霸巴士總站	玉泉洞前、玉泉洞駐車場	50、51、83	約50分	￥580
美國村	那霸巴士總站	美濱美國村入口	20、28、29	約1小時	￥690
	県庁北口		28、29、120		
恩納海岸	那霸巴士總站	Hotel Moon Beach前等各站	20、120	80分以上	依目的地而異
海洋博公園、美麗海水族館	名護巴士總站	記念公園前	65、66、70	約1小時	￥900

高速巴士

◎**111號高速巴士**：連接那霸市區(那霸空港、那霸巴士總站)到名護巴士總站，車程約車程約2小時30分，車資￥1,940。

◎**117號高速巴士**：除了可從那霸市區到名護巴士總站，還可以繼續搭乘至海洋博公園(記念公園前站)，車程2小時13分左右，車資￥2440。

實用巴士資訊網站

◎**BusNavi Okinawa**：可查詢票價、路線、乘換等實用資訊。

🌐www.busnavi-okinawa.com/top

◎**Bus Map沖繩**：將巴士資訊以那霸市、中南部、空港．高速系統、北部等地區細分，可以看到詳細的巴士路線圖，還有各主要巴士站的乘車處地圖。

🌐www.kotsu-okinawa.org

◎**ちゅらバス@なび**：整合沖繩全島的路線巴士資訊，可以從「路線案內」一欄看到所有巴士系統，可看到停靠站、路線圖、車資，另外也可以搜尋巴士路線。

🌐www.tyura-bus.sakura.ne.jp/bus

優惠票券

OKICA

　2014年推出的沖繩IC卡，可用於沖繩都市單軌電車與那霸巴士、琉球巴士、沖繩巴士、東陽巴士所有路線。預計

2020年10月起，OKICA將可在超商或是其他商店使用！

💲￥1000起，其中￥500為押金。

⏰哪裡買：單軌電車售票機與車站窗口，各巴士公司的營業所與售票處。

🌐info.okica.jp

❗在單軌電車售票機與巴士車內都可儲值

2020年春天沖繩可以用本島IC卡

日本各大交通業者幾乎都有推出自家交通卡，其中以Suica、ICOCA以及PASMO最為常見。雖然本州地區發行的交通卡在各地皆能流通使用，但沖繩至今仍未開放日本本島其他交通卡通用。不過，沖繩都市單軌電車已表示，2020年春天將率先導入Suica，以提供民眾更多選擇。

一日・兩日乘車券
フリー乘車券

　一日・兩日乘車券分別以24、48小時計算，從第一次通過剪票口開始起算，24或48小時內可以無限次搭乘單軌電車全線，跨日也沒有關係，市區內許多景點出示一日券可享門票優惠。

💲一日乘車券大人￥800、小孩￥400，兩日乘車券大人￥1400、小孩￥700。

⏰哪裡買：自動售票機(藍色機身，上頭標示有一日乘車券者)或車站窗口購買

❗使用範圍：單軌電車全線

單軌電車＋巴士一日乘車券
バスモノパス

此張優惠券為紙卡，購買後於使用當天刮除紙卡上月份與日期的數字，即可生效。有效期限是以日期為準，而非24小時，跨日無法使用。

💰大人￥1000、小孩￥500 🏠哪裡買：單軌電車各站、那霸巴士總站、新川、具志、石嶺、空港營業所 ❶使用範圍：單軌電車全線、那霸巴士那霸市區域內全線。

沖繩路線巴士周遊券
沖繩路線バス周遊パス

由沖繩本島各家路線巴士公司共同推出的周遊券，期限內可無限次搭乘路線巴士，對於非自駕的遊客而言頗為划算，可線上購買並下載於「OTOPa（オトパ）」App中即可使用；另外也有通用於單軌電車的聯合票券，於使用當天刮除紙卡上的日期即可使用。

💰路線巴士1日券大人￥2500、3日券大人￥5000；路線巴士＋單軌電車1日券大人￥3000、3日券大人￥5500。小孩半價。 ❶使用範圍：沖繩全島的路線巴士 🏠哪裡買：可以在那霸機場的觀光案內所購買，或是那霸巴士總站的各家巴士營業所購買 ❶利木津巴士、觀光巴士、[111]及[117]號高速巴士不在適用範圍 🌐www.okinawapass.com/tw

觀光巴士

除了一般大眾運輸交通工具的巴士之外，參加觀光巴士的行程，是可以快速串聯景點的交通方式之一。

沖繩觀光巴士

包括南部戰跡＆玉泉洞、沖繩美麗海水族館＆今歸仁城跡、琉球村＆Bios之丘等中部景點、美麗海水族館＆古宇利島等行程，可在官網上填寫表格預約。

🚌從那霸巴士總站徒步約5分 🏠那霸市泉崎1-10-16 定期觀光巴士乘車處 ☎098-861-0083 ⏰8:00～17:00 🌐www.okinawabus.com ❶全程附日語解說，至少提前3天預約。

◎推薦行程：

	名稱	行程	班次	時間	價格	備註
A	南部戰跡巡遊‧文化王國之旅	ニライカナイ橋(車窗)→文化王國玉泉洞→沖繩平和祈念堂‧平和之礎→姬百合之塔 優美堂→iias沖繩豐崎購物中心	8:30／每天	7小時30分	大人￥5,200、6～12歲小孩￥3,100	含中餐及文化王國門票，不含姬百合平和資料館、沖繩平和祈念資料館的入館費。
B	美麗海水族館‧今歸仁城跡之旅	萬座毛→Orion本部度假SPA飯店(午餐)→沖繩美麗海水族館(海洋博公園)→今歸仁城跡→名護鳳梨園	8:30／每天	約10小時	大人￥5,000、6～12歲小孩￥4,500	含中餐及今歸仁城跡門票，但不含海洋博公園內門票。
C	中部聖景巡禮	東南植物樂園→連勝城跡→海中道路(車窗)→海之驛站 彩橋館→AEON沖繩來客夢購物中心	8:45／4~9月出發	約7小時	大人￥7,000、6～12歲小孩￥3,600	含門票、不含午餐。

※A行程在那霸馬拉松舉行日(12月第一個週日)不運行。B行程在12月第1個週三、週四的海洋博公園休館日時，會變更行程。C行程在10~3月不營運。

那霸觀光巴士

包括首里城、美麗海水族館、西海岸風景以及古宇利島的行程，附有多國語言的語音導覽筆。可在官網上填寫表格預約，至少須提前2天預約。

🚌從那霸巴士總站徒步約1分 🏠那霸市泉崎1-21-1 ⏰7:00～18:00、週末及例假日～17:00 ☎098-868-3750 🌐daiichibus.co.jp/sightseeing-bus/

◎推薦行程：

	名稱	行程	班次	時間	價格	備註
A	首里城‧文化王國之旅	首里城公園→文化王國玉泉洞→平和祈念公園‧平和之礎→姬百合之塔→道之驛糸滿	9:00	7小時	大人￥6,000、6～12歲小孩￥3,200	含午餐，不含首里城公園正殿門票。
B	古宇利島‧今歸仁城跡‧美麗海水族館之旅	古宇利海灘→ワルミ大橋(車窗)→今歸仁城跡→Orion本部度假SPA飯店(午餐)→海洋博公園‧美麗海水族館	8:30	10小時20分	大人￥7000、6～12歲小孩￥3500	含中餐、美麗海水族館，不含今歸仁城跡門票。
C	南國天堂東南植物樂園體驗行程	沖繩美麗椰林公園‧東南植物樂園→座喜味城跡→沖繩萬麗度假酒店→美濱美國村	8:45	約7小時	大人￥7,500、6～12歲小孩￥3,800	含中餐、門票。

自駕遊沖繩，
比你想的還要簡單！

沖繩境內除了那霸市區有單軌電車外，其他地區並沒有鐵路交通系統，想充分享受悠閒的沖繩之旅，開車不僅讓行程的彈性增加，亦提昇了探索沖繩的旅遊深度。

租車流程
申請駕照日文譯本
日本政府於2007年起開放台灣人在日本駕車，只要準備好駕照的日文譯本就可在日本開車上路。申請手續十分簡單，攜帶駕照與身份證正本至各公路監理機關窗口，填寫申請表格、繳交100元規費，不到10分鐘就可以拿到譯本囉。譯本有效期限為1年。
租車公司

別把駕照正本忘在家
在日本當地租借汽車時，租車公司除了檢查駕照譯本，也會要求出示駕照正本及護照，要是沒帶駕照正本可就無法租車了。

◎OTS租車
機場分店的服務人員大多會說中文，也因此是許多觀光客偏好的租車公司。
🌐www.otsinternational.jp/otsrentacar/cn/

◎Times租車
Times租車除了在那霸機場、市區設有據點以外，於中部地區、石垣島、宮古島都有營業據點。也是觀光客常利用的租車公司。
🌐rental.timescar.jp

◎ORIX Rent a Car

ORIX租車有許多據點，機場之外，那霸市區就有3家分店，通常價格最為便宜，但除了機場外並不一定有會中文的服務人員，部分車子也未裝載中文導航系統，需稍加注意。

🌐car.orix.co.jp/tw

◎NISSAN Rent a Car／日産レンタカー

NISSAN在那霸機場周邊就有3家分店，以NISSAN車型為主，因為有會員集點制，經常在日本租車的話相對划算。

🌐nissan-rentacar.com/tc

◎TOYOTA Rent a Car／トヨタレンタリース

TOYOTA是日本最大的租車公司，一樣有會員集點制，在機場及新都心設有服務據點。

🌐rent.toyota.co.jp/zh-tw/

如何選擇

如果覺得租車公司太多，看得頭昏眼花的話，也可以到統整多家租車公司資訊的比價網站查詢。

◎租車比價網站

‧Tabirai 🌐tc.tabirai.net/car/
‧ToCoo 🌐www2.tocoo.jp/cn/

事先上網租車

在網路上預約，不僅可享優惠也方便。現在各家租車公司不僅在當地有會中文的工作人員，大部分也設有中文網站，不過部分公司的日文網站優惠較多，若是不會日文的話，建議可在Tabirai等租車網以中文預約。

租車安心方案

一般租車費用中已包含意外保險，但其中仍有部分金額需由顧客支付，也就是所謂的「免責額」，建議加購「免責賠償」，因為這樣包含免責額在內都是由保險公司支付，另外還有「免除NOC(NOC：Non-Operation Charges，營業損失賠償)」的保險，可以免除意外後車子維修、無法出租的賠償問題。建議要加購包含這兩項的保險方案。

新手可利用Tabirai

Tabirai彙整了沖繩各家租車公司的資訊，不但直接幫您比價，一但選定想要租借的車款與租車公司，就能夠直接透過該網站預約，在預約過程中亦設定「甲地借乙地還」以及加購安心方案等服務，讓您到現場只需出示證件，免除雞同鴨講的溝通障礙，即可完成租車。

實地取車

抵達租車公司營業所後，辦理取車手續如下：

STEP1：提供駕照正本、駕照日文譯本，租車期間中會開車者都必須提供，必要時須出示旅遊證件或信用卡備查。

STEP2：仔細閱讀租車契約，包括租車條款、租金、保險範圍。

STEP3：簽訂租車合約，內含租車條款、租金、保險範圍。

STEP4：憑租車合約及收據至取車場所取車。

STEP5：由工作人員陪同檢查及確保車子沒有問題，並注意車身是否有刮痕，如果發現有刮痕，要請對方在合約內記載，釐清權責。

STEP6：檢查車子的基本操控以及詢問衛星導航的基本使用方式。

STEP7：取車時注意油箱是否加滿汽油。

STEP8：簽收所租汽車，記得帶走單據及地圖，完成手續，出發！

還車

在約定的時間前將車開到指定場所歸還，還車時必須加滿汽油，並附上加油收據做為證明，否則租車公司會收取比市價高的油費。在日本加油時請學會「滿

タン(man-tan)」，也就是「加滿」的日語，並將貼在方向盤旁的油種標示貼紙指給服務人員看，一般為「レギュラー(regular)」，服務人員就會把油加滿。

加油日語

92無鉛汽油	付款方式
レギュラー	お支払いは？
re-gyu-ra	o-shi-ha-ra-i wa?
98無鉛汽油	只收現金
ハイオク	現金のみ
hai-o-ku	gen-kin no-mi
柴油	信用卡付款
軽油(ディーゼル)	クレジットカードで
kei-yu	ku-re-jit-to ka-do de
92無鉛汽油加滿	請給我收據
レギュラー満タン	領収書をください
re-gyu-ra man-tan	ryo-shu-sho wo ku-da-sai

上路出發！

實際上路後，卻發現不知道該怎麼加油、該怎麼使用衛星導航、該注意什麼，或是該在何處補給糧食與休息嗎？現在就來一一解惑吧。

沖繩開車注意事項

注意前方路況

到沖繩自駕總是忍不住欣賞沿路景觀，但可別忘了注意路況，除了有前方駕駛臨停的狀況，右轉時也要注意。於十字路口右轉時，即使是綠燈，也要等對向轉為紅燈，或對向來車通過、停下後方可轉彎，市區道路也都設有右轉專用道，但沖繩因為道路較小，部分道路沒有右轉車道，有時會因待轉車輛造成堵塞，記得專心駕駛、保持適當車距，才能玩得安全又開心。

小心路滑

沖繩的一般道路大多含有珊瑚礁石灰岩，比起普通柏油路來得滑，加上太陽光照射及海鹽附著，柏油路容易劣化，雨天時要特別小心打滑，平常轉彎、停車或發動汽車時也要多加注意。

公車專用道規定

國道58號線、國際通等通勤要道，每天7:30~9:00及17:30~19:00（週末及例假日除外）為公車專用時段，一般車輛不得行駛；管制時段內單線道不得通行，多線道則內側車道可通行。除了從路面標記辨別，租車公司的地圖也有詳細說明，若有不懂建議直接問服務人員更安心。

中央線變更

為了確保公車專用時段的交通順暢，如縣道29號這類市區內的三線車道，中央線會隨時段改變通行方向。簡單來說，只要中央線上方標誌亮起X標誌即為禁止通行，開車時注意標誌就可以了。

注意車牌

日本車牌都是以平假名開頭，但在沖繩路上還會看到Y、A、E開頭的車牌，這代表該車為美軍所屬，提醒大家注意是因為如果與他們發生擦撞，不只日本警察，美軍警察也會前來處理，兩方管轄下後續事宜自然較複雜，建議稍加注意。

右側駕駛，左側通行

日本駕駛座在右手邊，行走時是靠左行駛，轉彎時要特別小心，否則很容易一轉彎

就開到對向車道上。另外，雨刷和方向燈的控制也和台灣相反。

遵守交通規則

國道和高速道路都有監視攝影，罰款金額相當可觀，如果被快速照相，有可能會被警察追截或直接將罰款單寄到租車公司，並於信用卡扣除款項。

「止まれ」標誌

只要在路上看到「止まれ」標誌，一定要停車、確認左右兩方無來車之後，才可以繼續行駛。這是很常被抓到的違規行為，千萬別忘記。

禮讓行人

日本有很多路口在綠燈的時候，同時容許車輛轉彎和行人穿越，所以原則上都必須禮讓行人先行。

按壓喇叭

在台灣按喇叭、閃車燈往往是駕駛者表達不悅、提醒的方式，在日本則多表示謝意及提醒，像是遇到對方讓車，便會以亮雙方向燈兩次或是輕按兩次喇叭感謝。

租車遇到事故怎麼辦？

如果真的不幸發生意外，不論是與別人發生擦撞，或是自己不小心撞到電線桿，一定要撥打110或是英文專線(03)3501-0110報警處理，租車公司才可以向保險公司申請理賠，如果沒有報警立案，即使加購安心保險，也必須自行負擔車輛的修繕費用與營業損失。

報警

報警時通常需要詳述所在地點與事發經過，因此發生事故後，可以有禮貌地請對方車主報警，免除跟警方雞同鴨講的情況發生。如果是自行擦撞，則可以請求周遭店家幫助，並請店家代為向警方說明事故地點。

等待警方抵達後，會進行簡單的筆錄，並要求駕駛出示駕照正本與日文譯本等證件，此外，警方也會索取行照與租車公司資料(通常放在副駕駛座前方的抽屜內)，以通知租車公司。通常沖繩此類交通意外，並不會提供事故證明，而是由警方直接聯絡租車公司相關細節，因此無須擔心。

聯絡客服

租車公司客服專線大多數設有中英文服務，在警方離開後便可以撥打租車資料上的客服專線，通知租車公司。在電話接通後可以以簡單的日文或英文向對方要求提供中文服務。客服人員會替您接通中文翻譯人員，並以三方通話的方式，詢問事故發生經過、地點、駕駛姓名與車牌等資料，並請您授權提供申請保險理賠的權限。如果手機沒有開啟漫遊服務，可以在出國前事先儲值skype，以備不時之需。

汽車衛星導航/カーナビ

在日本租車大多會直接免費配備衛星導航，可選擇日文或英文介面，也有部份導航有中文介面。日文的導航系統中，日文漢字出現的機率很高，大多數的店家或景點只要輸入電話號碼或地圖代碼(マップコード/MAPCODE)便可鎖定，進而完整規劃路線，萬一不小心迷路還可以利用地圖確認自己所在位置。

重要景點的地圖代碼可以在租車時向租車公司索取，旅途中想去的店家也記得先抄下電話，如果擔心衛星導航查詢不到想前往的地方，也可先將景點名稱的日語平假名記下，利用Japan-mapcode查詢MAPCODE，簡單又快速！
🔟www.mapion.co.jp/

高速公路

沖繩本島南北狹長，若是悠閒自駕，其實不大需要開上高速公路，但南北向大範圍移動時，還是利用高速公路最省時。

沖繩自動車道

從那霸往北延伸至名護的許田，全長約57.3公里，雖然必須付費，但是對於時間寶貴的旅人而言，是為了節省移動時間，避免遇上國道58號尖峰時間塞車狀況的選擇。

那霸空港自動車道

連結那霸機場至中頭郡西原町，全長約20公里，其中那霸空港IC至豐見城·名嘉地IC路段還在建設中，預計在2020年前全線完工，目前這條線為免收費道路。

上交流道拿通行券，下交流道付費

日本的高速公路收費站是設在交流道口，租車公司雖然車上會配備ETC機器，但因為沒有插卡無法使用，必須走人工收費車道，記得在上交流道時於入口處取票，下交流道時將票卡交給工作人員，前方螢幕上會顯示必須繳交的費用，付款完成後閘門會開啟，就可以離開了。

時速限制

兩條高速公路的最高速限皆為80公里，為了避免被開罰單，建議乖乖遵從速限開車。

景點距離與車程

以下是沖繩知名景點間的距離與車程圖表，可以作為安排行程時的參考。

公路常見用字

IC：Interchange(インターチェンジ)，也就是交流道。

JCT：Junction(ジャンクション)，系統交流道，也就是兩條以上高速公路匯流的地方。

PA：Parking Area(パーキングエリア)，小型休息站，通常有廁所、自動販賣機，餐廳則不一定。

SA：Service Area(サービスエリア)，這是指大型休息站，廁所、商店、餐廳齊全以外，一般也設有加油站。

主要景點開車時間

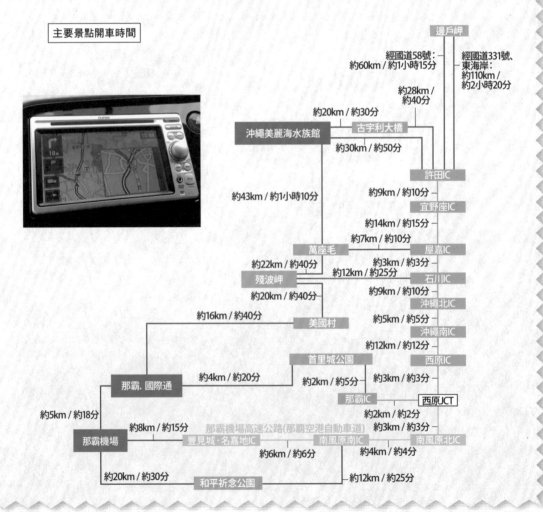

邊戶岬

經國道58號：
約60km／約1小時15分

經國道331號、東海岸：
約110km／約2小時20分

約28km／約40分

約20km／約30分　古宇利大橋

沖繩美麗海水族館

約30km／約50分

許田IC

約9km／約10分

約43km／約1小時10分　宜野座IC

約14km／約15分

約7km／約10分

萬座毛　屋嘉IC

約22km／約40分　約3km／約3分

殘波岬　約12km／約25分　石川IC

約20km／約40分　約9km／約10分

沖繩北IC

約16km／約40分　美國村

約5km／約5分

沖繩南IC

約12km／約12分

首里城公園　西原IC

那霸.國際通　約4km／約20分　約3km／約3分

約2km／約5分　那霸IC　西原JCT

約5km／約18分

約2km／約2分

那霸機場　約8km／約15分　那霸機場高速公路(那覇空港自動車道)　約3km／約3分

豐見城・名嘉地IC　南風原南IC　南風原北IC

約6km／約6分　約4km／約4分

約20km／約30分　和平祈念公園　約12km／約25分

3大經典開車路線推薦

❶經典兜風路線：**國道58號→屋我地大橋→屋我地島→古宇利大橋→古宇利島**

路線景點介紹

國道58號

國道58號沿著西海岸線延伸，一路上海灘、海景、海風作伴，還會經過美國村，是沖繩兜風的經典路線。

古宇利大橋

沖繩最令人嚮往的開車兜風路線，驅車穿越碧藍海水的暢快感，是沖繩自駕不可錯過的體驗。

古宇利島

古宇利島是沖繩神話中的人類起源之地，被尊為「神之島」。島嶼不大卻有許多美景，大橋下的古宇利海灘以外，北端的心形岩(ハートロック)更是近年的熱門景點。

❷悠遊南部風光：**沖繩自動車道南風原IC→縣道86號→ニライカナイ橋→國道331號沿途景點**

路線景點介紹

ニライカナイ橋

沿著縣道86號行駛，會看到有著超大彎道、彷彿通往大海的ニライカナイ橋，開在橋上還可遠眺到久高島，是沖繩南部的兜風名所。

齋場御嶽

齋場御嶽是琉球王國宗教中地位最高的御嶽，從前是神女祭祀與國王祭拜的地方，不僅是著名的能量景點，更被登錄為世界遺產。

國道331號

國道331號穿梭山林與海岸間，描繪出沖繩南部的輪廓，還可以通往知念岬公園、新原海灘等景點。

❸開闊跨海路線：**勝連半島→海中道路→平安座島→宮城島→伊計島**

勝連城跡

琉球王國統一前，勝連城是首里城最後的心頭大患，這座黃金城現在遺留下珍貴的石牆及出土文物，還擁有登高遠望的遼闊景色。

©OCVB

海中道路

　　海中道路其實是填海造成的4.7公里長橋，與其他幾座海上大橋串聯起鄰近的濱比嘉島、平安座島、伊計島等離島，駕車穿梭海上是很特別的體驗。

伊計海灘

　　伊計海灘除了純白沙灘與青藍海水，水上活動的設施更是齊全，香蕉船、玻璃船、潛水、浮潛、烤肉，在這裡都可以玩得到。

©OCVB

3大經典開車路線

名護

許田IC

路線1

金武IC　宜野座IC

屋嘉IC

石川IC

沖繩

沖繩北IC

路線3

沖繩南IC

北中城IC

西原IC

那覇

西原JCT

那覇IC

名嘉地IC　南風原北IC

豐見城IC

南風原南IC　南城

路線2

N

探索沖繩的風格靈魂

沖繩嘉新酒店Hotel Collective關於經典設計的二三事

湛藍海岸線圍繞下，日本特色結合琉球王國歷史，充斥著熱情洋溢的海島情調，醞釀出沖繩的獨特風情。穿越到歷史悠久的琉球王國，跟著傳統工藝與在地文化走一趟沖繩，體驗獨一無二的風格之旅。

體驗沖繩最人文的風景 ➡

1 親炙大師工藝，神采飛揚琉球風獅爺

除了金門，沖繩也有威風凜凜的「琉球風獅爺」（Shi-Sa，音近「西薩」）。位在住家與村落出入口的風獅爺，自古以來為居民除厄檔災，防止妖魔鬼怪作祟，是當地重要的守護神。聳立在巍峨的飯店大門前，兩尊沖繩傳統風獅爺雕像鎮守著玄關，這是壺屋燒窯大師新垣家三代目新垣光雄的作品。嘉新酒店融入傳統，以風獅爺守護著每位造訪的旅客，也讓人們可以貼近大師工藝作品，欣賞栩栩如生的威猛神情。

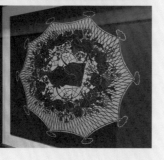

2 體驗首里城的輝煌工藝，旅宿即藝廊，紅型染織饗宴

琉球王國過去是繁榮的貿易據點，匯集中、日、朝鮮的風格技術，孕育出珍貴的傳統工藝。工藝品中尤以織品最具代表性，包括進獻給王國的宮古上布，花樣繽紛的芭蕉布，以及久米島紬、紅型染等，在那霸市的「首里染織館suikara」便能親自體驗織布與紅型染的技巧。

傳統染織紅型，在琉球王國時代專作為王族禮服，與招待貴賓時的舞蹈禮服所用。「琉球紅型普及傳承協會」的會員嘉新酒店，將飯店的公共空間轉化為生活風格的展示藝廊，讓旅客貼近感受這項古老貴族工藝。於大廳及各樓層梯廳，展示城間紅型工房、知念紅型研究所、Yafuso紅型工房等獨家花色「圖紙」以及完成作品，可一窺鮮少外傳的製作過程，色彩鮮艷且富含歷史底蘊的紅型，融入旅宿起居空間，營造獨一無二的美學氣質。

3 回收玻璃打造時尚吧檯，承載戰後歷史軌跡的工藝設計

走進「Divertido 酒吧」，藍色燈光照映玻璃吧檯，在時尚氛圍中添加一抹神秘色彩。散發獨特氣泡光感的吧檯，是利用回收玻璃製作，二次戰後沖繩缺乏物資，當地人將美軍留下來的大量可樂、啤酒瓶碾碎後，作為玻璃的原料再利用，催生出工藝品「琉球玻璃」。設計師將琉球玻璃的元素融入吧檯設計，賦予廢材新生命，也展現了琉球工藝特色。

4 秉持永續精神，一期一會的溫柔款待

嘉新企業團獨資旅宿品牌一「Hotel Collective」嘉新酒店，位於沖繩那霸市最繁華的「國際通」商業街上，距離地鐵縣廳前站、牧志站走路約7-9分鐘的距離。「Hotel Collective」為心之所嚮而生，嘉新相信飯店不應該只是住宿的場所，以「Open the Emotion」概念融合沖繩豐富多元文化，希望成為一間款待觀光客、也服務當地沖繩人的飯店，打造獨一無二的旅程與回憶。

同時，作為沖繩首間榮獲美國綠建築協會LEED認證的飯店，於興建之初即導入綠建築設計理念，積極承擔環境管理和生態保護的社會責任。永續精神是當代頂級旅宿的重要指標，對嘉新酒店而言，綠色友善不僅是集團對在地的支持和承諾，也是日式「一期一會」的誠意延伸。

沖繩瘋打卡！
人氣IG景點12選

♥99

來到沖繩當然不能不PO出美照，經典景點以外，
還有來日本沖繩不容錯過的IG景點，快列入行程，來一張IG美照吧。

あざまサンサンビーチ
Azama Sun Sun Beach
#南城市 #喜歡沖繩 #絕景

海灘位在南部知念半島的安座真
港一旁，這裡有浮潛、香蕉船等豐富
的水上活動可以體驗，海水擁有絕佳
的透明度，還能夠眺望沖繩的神靈
聖地「久高島」。

⚲南城市知念字安座真1141-3
☎098-948-3521

沖繩美麗海水族館
#沖繩經典 #黑潮之海 #老少咸宜

説到沖繩必拍，絕不能忘了大名鼎
鼎的美麗海水族館。水族館最吸睛的
當然就是世界最大的水槽——黑潮
之海，不管是捕捉鯨鯊優游的身影，
或是以巨大水槽為背景拍張剪影照，
都是沖繩旅遊必備的定番照。

❶詳細資訊請見P.126

心型礁岩
#戀之島代表風景 #廣告場景 #愛心

古宇利島最有名的景點就是北邊
的心型礁岩了，經過海水沖刷，位在
淺灘上的兩塊岩石形成了愛心的形
狀，在戀之島上的心型礁岩本來就
夠有趣了，更因為傑尼斯團體「嵐」
的廣告而爆紅，沒到這裡打卡可不算
到過古宇利島。

❶詳細資訊請見P.130

港川外人住宅街
#文青系 #美式風格 #特色小店

港川外人住宅街本來就是沖繩熱
門景點，這一街區裡有許多利用美軍
建築改建的店家，每一家小店舖都
有著獨到品味，或藍或綠的清爽裝
潢，與轉角處寫著美國地名的路牌，
想拍出風格清爽的照片就到這裡。

❶詳細資訊請見P.102

美國村
#購物聖地 #美式風格 #咖啡廳

美國村除了是購物熱點以外，也是
必拍景點，美式街道、風格強烈的咖
啡店以外，還有童話般的建築，另外
在Smoothie Boo旁跟Vessel Hotel對
面更有亮眼的壁畫，只顧著購物、不
拍張照打卡的話就太可惜了。

❶詳細資訊請見P.94

瀨長島Umikaji Terrace
#小希臘 #純白建築 #海景咖啡

蔚為話題的瀨長島Umikaji
Terrace是許多人的必訪景點，不只可
以在這裡吃到各式美食、享受度假悠
閒，階梯式的純白建築更是搶眼，而
且還可以欣賞到大片海景，以蔚藍
大海與純白建築為背景拍張照吧。

❶詳細資訊請見P.82

♡ ○ ▽　　　　🔖

Yes!!!PICNIC PARLOR
#隱藏版巷弄小店 #可愛霜淇淋
#小清新

　　隱藏在那霸市中心外圍，Yes!!!PICNIC PARLOR靠著清爽風格吸引日本年輕人前來，以繽紛麥片妝點的霜淇淋是最受歡迎拍照道具，Tiffany藍、紅白雨篷、黃色椅子組成的爽朗店面更是最棒的取景地點。
⌂那霸市安謝183
☎098-943-5806

♡ ○ ▽　　　　🔖

Blue Seal Ice Park
#少女系 #沖繩必吃 #冰淇淋DIY

　　從國道58號線經過，實在很難不注意到Blue Seal Ice Park，店鋪外觀有著冰淇淋般的粉嫩色彩，設施內裝也很可愛，還可以參觀品牌歷史展示或是參與冰淇淋體驗，就算不參加體驗，也很推薦在店外找個位置、拍張可愛照片。目前整修中，預計2024年7月開放。
❶詳細資訊請見P.106

♡ ○ ▽　　　　🔖

熱帶夢幻中心
熱帯ドリームセンター
#植物園 #眼睛想旅行 #打卡景點

　　擁有世界最大的溫室群，種植著美麗蘭花、各種熱帶、亞熱帶植物。空間內輪番綻放的各色花朵與高大樹木令人感覺心情平靜，舊紅磚砌成的牆垣走道、螺旋型展望塔、風中庭園和池水，交織出靜謐而夢幻的空間氣氛。詳細資訊請見P.125
⌂國頭郡本部町石川424
☎0980-48-2741

♡ ○ ▽　　　　🔖

竹富島
#歷史的建築 #沖繩絕景 #離島遊

　　自石垣島乘船約10分鐘的距離，竹富島總面積不到6平方公里，井然有序的古民家磚紅屋簷和白色細砂鋪成的小徑，刻劃出質樸又夢幻的鄉村風景。搭乘水牛車、聽著車夫哼著歌，彷彿走入時光隧道回到過去，風也和緩，心也和緩。
❶詳細資訊請見P.166

♡ ○ ▽　　　　🔖

美々ビーチ
#南洋風情 #壁畫 #拍照聖地

　　沖繩近來興起一股壁畫風潮，除了店家，就連沙灘也有壁畫。美々ビーチ裡有由那霸知名首飾店Ti-da Beach設計的壁畫，掛在樹上的鞦韆、以南國意象組成的鮮豔翅膀，亮眼畫作只差旅人站在壁畫中間，組成一幅生動風景。
⌂糸満市西崎町1-6-15
☎098-840-3451

♡ ○ ▽　　　　🔖

Okinawasun Smoothie
#繽紛色彩 #粉紅牆 #記憶體殺手

　　距離備瀨福木聚落不遠，Okinawasun Smoothie光是外觀就讓人忍不住拍照的衝動，粉紅牆面上寫著「OKINAWA LOVER」，根本就是沖繩打卡的最佳背板，另外店內裝潢及飲品也都很繽紛，從內到外都好好拍！
⌂国頭郡本部町備瀬224
☎090-9473-0909

與海洋零距離！
沖繩熱門水上活動大搜查

沖繩在日本素有「東方夏威夷」之稱，這片湛藍的大海可以從事各種水上活動，香蕉船、獨木舟、水上摩托車、浮潛……還能乘坐觀光船去餵熱帶魚，不論年齡大小或擅不擅長游泳，都有適合的活動可以嘗試，欣賞沖繩美景之外，不妨換種方式感受沖繩大海生動的美吧。

獨木舟．透明獨木舟
カヤック．クリアカヤック
適合年齡：約2歲以上(6歲以下需由家長陪同)

看似枯燥、只需機械式擺動划槳的獨木舟，其實是個會讓人上癮的有趣活動，首先教練會先在岸上教導正確的握槳、操控及上下船方式，正式出海體驗外，一邊划船一邊欣賞水上風光也是樂趣之一。另外也有許多飯店海灘推出透明獨木舟，不需離岸太遠即可透過獨木舟看到底下的美麗海底世界，感受與大海合而為一的療癒體驗。

拖曳傘
パラセーリング
適合年齡：4歲以上(未滿12歲需家長陪同)

想要俯瞰沖繩的湛藍大海，看著美麗而閃耀著光芒的海洋在腳下無限延伸，那就一定要體驗拖曳傘！依自己的喜好可以選擇繩長50公尺、100公尺、150公尺或200公尺，同時可以有2~3人一起飛上高空，無論情侶、親子或朋友都相當適合，享受在天空中漫步翱翔的舒暢體驗，即使不會游泳也可安心搭乘。

水中觀光船・玻璃船
水中観光船. グラスボート
適合年齡：不限年齡

如果不諳水性、不敢下水的話，那也可以坐著玻璃船或水中觀光船出遊，玻璃船是船艙底下有一塊透明玻璃觀望室的船隻，而水中觀光船則是半潛式的，可看到的魚類與活珊瑚更多、更直接，運氣好，還可看到大海龜晃過身旁呢！

水上腳踏車
アクアサイクル
適合年齡：4歲以上(小學以下需家長陪同)

水上腳踏車相當適合親子同遊，這輛大型的腳踏車一次可供兩人同時搭乘，踩著踏板在水面上自由前進、轉彎，不時還會停下來看看海面下游動的繽紛魚兒，在車上身體完全不會濕，且坐來相當穩定，可安心遊玩。

SUP
適合年齡：約5~80歲

SUP立槳衝浪由於入門容易，多數初學者在第一個小時就能學會自由操控SUP的技巧。從岸上的暖身講解開始，介紹器材、規則與乘坐方式，接著練習在板上站立、找到重心，最後就是穿上救生衣準備下水。

熟悉水面浮力後，接著就是依照教練講解，試著在水面站立並拿起划槳向前划行，一開始的緊張感在成功划行、迎來海面微風後放鬆不少。以站立姿態向無盡湛藍划去，或在平靜海面仰望藍天、沉澱心情，甚至挑戰在浪上衝刺，享受與大海親密接觸的美好時光。

©南十字星度假村

水上飛板
フライボード
適合年齡：約12~60歲(未成年者需有家長的同意書)

　2012年新創的水上活動「水上飛板」由來自法國的Franky Zapata所發明，在這幾年間迅速竄紅，也成為沖繩及台灣海上活動的新寵兒。這個看起來就像鋼鐵人的體驗活動相當酷炫，在淺海處會先在腳上固定噴射裝置，後頭接著巨大水管抽取海水後從腳下噴射出高壓水柱，讓體驗者可以飛翔於空中，最高甚至可以達到10公尺。

深潛
ダイビング
適合年齡：約10歲以上(未成年者需要有家長同意書)

　由於沖繩的海水潔淨、透明度極高，海底可看到豐富的珊瑚與魚類，所以無論你是否曾潛水過，到了沖繩相當推薦來場深潛體驗，不管是初學者還是有經驗的潛水者都有適合的課程可以選擇。坐船出海到定點後就準備入海，全身在大海的溫柔懷抱中，各色鮮艷的熱帶魚則在身旁緩慢悠游，船長還會要你帶著魚食潛水，讓你感受被成千上萬魚兒親吻的酥麻感。

海底漫步
シーウォーク
適合年齡：約8~60歲

　除了深潛以外，想深入海底、親近珊瑚礁與魚群還有許多方法，海底漫步就是其一。教練會先教幾個在水中溝通的手勢，包含可以、不行、前進，抵達定點後便可戴上重達幾十公斤的頭盔，順著樓梯慢慢深入海底，因為頭盔內會灌入空氣，內部水位只會淹到大約下巴的位置，可以維持一般的呼吸方式，甚至還可以一路保持臉上妝容、配戴眼鏡。到海底後順著教練的手勢漫步、欣賞景色，教練會指引你到最美的地方，並灑上魚餌讓魚群們聚集，讓人醉心於海中豐富的生態。

浮潛
シュノーケリング
適合年齡：約6歲以上(依各店家而異)

　浮潛是沖繩最熱門的海上活動，對不敢下海的人來說是能欣賞到海底世界最棒的方式，且價格比起深潛等海中活動也便宜許多。乘船出海後教練會讓大家一一下船，會游泳的人可以自己四處遊覽，甚至可以潛到水底下近距離欣賞珊瑚礁與小魚，不會游泳的話也不用擔心，穿上救生衣就可以自然浮起，不敢到處遊的話就抓著教練的游泳圈，讓教練帶著你，毫不費力地飽覽水中風光。

風帆
ウィンドサーフィン
適合年齡：建議為12歲以上諳水性者

　　風帆是屬於較為進階的海上活動，比較不容易上手且有些難度，適合喜歡自我挑戰的玩家。教練會先在岸上指導基本的操作技巧，像是如何保持平衡、起帆、控帆等，起帆是最困難的環節之一，需要善用全身的力量才可保持平衡，雖然體驗的過程中可能會有許多挫折，不過一旦成功便會有極大的成就感與破風徜徉於海面之上的快感。

MegaZIP
適合年齡：約12~50歲(未成年者需家長同意書)

　　MegaZIP其實是溜索，讓人眼前為之一亮的原因，是因為玩家會從空中飛越大海！全長250公尺的溜索橫越淺灘、連接兩側平台，穿好裝備、隨著教練的指令從跳台出發，迎面而來的除了刺激的速度感，還有沖繩無敵的藍天蔚海，位於海上的那一段美景不僅可以欣賞到下方透徹的大海，還可以張開雙手擁抱天空，漲潮或夕陽時分的景色更讓人驚嘆，想從不同角度欣賞沖繩之美，絕不能錯過這項體驗。

衝浪
サーフィン
適合年齡：10歲以上

　　沖繩海岸的海水淺、近海處也有相當多珊瑚礁，所以對沖繩不熟悉的人一般不建議自己衝浪，雖然沖繩的衝浪沒有比浮潛或潛水來得有名，但還是有許多地點與店家提供完善的沖繩體驗，不管是喜歡衝浪或是想體驗看看衝浪的人，來到沖繩都可以參加適合自己程度的體驗課程。

水上摩托車・甜甜圈
ジェットスキー・スキービスケット
適合年齡：5歲以上(未滿12歲需家長陪同)

　　想追求速度感與刺激的話，那麼水上摩托車及甜甜圈會是最佳選擇！這兩個幾乎在各大海灘都會出現的水上活動相當受到歡迎，無論是讓教練載著你在海上奔馳，感受衝破海風、海水濺起的清涼快感，或是乘上甜甜圈，讓水上摩托車拉著你快速疾行，都讓人大呼過癮！

孩童放電好去處
8大親子公園點點名

出國玩公園？乍聽似乎很不可思議，但這可是許多家長帶孩子去沖繩的必備行程。繽紛新穎的設計、不同特色的外觀，加上巨大彈跳床、超長溜滑梯或是範圍廣大的攀爬網，亮點鮮明的公園們不僅吸引孩子目光，更能夠讓他們盡情玩耍，爸媽一定要帶小朋友前去朝聖，順便讓小孩放電的啊！

遊玩前需了解的4件事！

近年越來越多遊客會到沖繩的公園遊玩，為了避免大家不懂遊具使用規則，主要幾座大型公園其實都有告示牌，說明使用須知，記得一定要遵守規則，當個優質旅人，也確保自己與小朋友的安全。

另外，各地公園資訊可從「沖繩公園情報」網站尋找。

網址：www.goyah.net/okinawa_park

1是否有年齡限制？

不論是超長溜滑梯、攀爬網、彈跳床，這些設施基本上都適用於3~12歲的小朋友，不在此年齡範圍都不適合，所以成人不可以使用這些設施。另外，超長溜滑梯適用年齡為6~12歲，因為家長不可以使用，6歲以下的小孩還是玩小型滑梯較妥當。

2需要爸媽陪同嗎？

通常公園會要求3~6歲的小孩一定要有爸媽陪同，但所謂陪同可不是指家長可以跟孩子一起玩，而是在一旁陪伴孩子、確保安全就好。

3可以自備滑草墊嗎？

到公園遊玩剛風行時，許多家長都會準備瓦楞紙板、滑草墊，想滑得更快、更順暢，也避免孩子臀部被摩擦，但其實公園禁止使用任何坐墊，滾輪式滑梯本身就是為了減速而設計，現在也有很多是木板式滑梯或新型滑梯，使用坐墊的話小朋友可能無法控制速度，為了安全，千萬別再使用坐墊了。

4滾輪式滑梯會受傷？

有不少小朋友來回玩很多趟滾輪式滑梯，之後才發現臀部破皮，這是因為滾輪式滑梯磨擦力較強，因為不能使用坐墊，加上夏天時滑梯可能會有點燙，建議穿長褲玩比較保險。

分層的攀爬網可以從地面一路爬上空中通道。

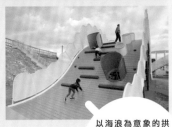

以海浪為意象的拱橋設施，看起來容易，其實要通過拱橋可要花上不少體力，拱橋上還有通往下方繩網爬梯的通道。

平和祈念公園
讓孩子在冒險裡玩耍

平和祈念公園是為了紀念沖繩戰役而設，建在戰爭終焉之地「摩文之丘」上，光是陸上面積就廣達31平方公里，不僅設有和平之礎、資料館等具歷史意義的紀念設施，還有沖繩最新穎的大型遊具公園──子ども広場。

公園內可以分為「ツナグ」及大「タマゴ」兩大區塊。這一個個巨大的蛋型遊具都是富有挑戰樂趣的設施，包括分層的攀爬網，小巧繽紛的攀岩牆，還有大小各異的溜滑梯，而「ツナグ」區裡則有著城堡造型的小型溜滑梯、網繩吊球、傳聲筒，以及兩處彈跳床，光是把所有設施玩過一輪，就要花上不少時間呢！

🚗那霸機場開車約19公里、豐見城・名嘉地IC開車約14公里；從那霸巴士總站搭乘巴士89號至「糸満バスターミナル」站下車，轉搭82號約21分至「平和祈念堂入口」站下車徒步5分。 🏠糸満市字摩文仁444番地 ☎098-997-2765(公園) 🕐8:00~22:00 🅿125個，免費 🗺232 341 416*37(可抵達公園旁的停車場)

奧武山公園

單軌電車就能到

奧武山公園是一座大型運動公園，集合了那霸市內的各項活動會場，園內最吸引親子遊客非遊具廣場莫屬。

公園內的亮點就是龍型的溜滑梯，溜滑梯其實就是龍的尾巴，想要輕鬆玩的話，爬上中間階梯就可以從空橋通往滑梯，從龍首下方的迴旋梯也可以登上通道，超長溜滑梯以外，也別忘了從吊橋前往後方的風獅爺遊具，鳥籠般的設施內部都是結實的爬網，努力爬上頂端之後，就可以玩另一座旋轉滑梯了。

🚃單軌電車「奧武山公園駅」下車，從北口徒步約5分可達遊具廣場。　🏠那霸市奧武山町52　☎098-858-2700　🕐全天開放　🅿第1停車場236個，第2停車場172個　🗺33 096 697*72

推薦理由

奧武山公園最大的優點就是交通方便，只要從單軌電車站出來就可以走到，就算沒有租車也可以帶孩子來玩，而且除了難度較高的攀爬網以外，溜滑梯對不同年齡的小朋友來説都很適合，也有適合幼兒的設施。

超長溜滑梯速度不快，但如果是3歲以下的小孩，建議要由爸媽陪同比較妥當。另外，因為位在市區，公園人潮頗多，建議早點來玩比較不會人擠人。公園內設有販賣機、飲水機、洗手間，週末時一旁的賣店也會營業，可以善加利用。

木板式的溜滑梯十分好滑，速度也很剛好，而且溜滑梯旁設有防護罩欄，不僅安全還可以擋太陽呢。

一旁還有適合小小孩的設施。

超大彈跳床就連家長都會驚呼，絕對會讓小朋友忍不住在上面盡情地蹦蹦跳跳。

想玩中央區域的滾輪溜滑梯，還得先想辦法穿越重重障礙，是腦力跟體力的雙重體驗。

中城公園
沖繩最大夢幻公園

面積廣達98萬平方公尺的中城公園，穩居沖繩公園界第一的寶座。小孩最愛的遊具廣場可以分為南區、中央、西區等區域，各項設施幾乎佔了一整片山坡。最吸引人的就是南區遊具廣場的超大彈跳床！彈跳床分為大小兩座，而且旁邊還與多座溜滑梯相連，玩累了可以「咻～」地溜到地面，也有許多機關等著小孩來探險。

中央區域除了滾輪溜滑梯，還有極限運動類的滑輪溜索，約兩層樓的高度剛好，底下的軟質地板也是另一層防護，一旁的西區則是適合幼兒的區域，設有沙坑、吊床、小型彈跳床，小小孩也可以玩很開心。

從那霸IC開車約15公里，從AEON mall Okinawa Rycom開車約6公里。 中城村字荻道平田原370-2 098-935-2666 一般設施及停車場9:00～21:00，彈跳床9:30～17:30(夏季～18:00)。 西區停車場100個，北區停車場190個 33 410 639*43(西區停車場)、33 410 845*25(北區停車場)

推薦理由

中城公園是沖繩最大規模的遊具公園，光是超大彈跳床就足以吸引家長帶孩子前來一遊，更別說還有適合幼兒的小型設施，或是需要手腳協調的大型遊樂道具，設施非常豐富，不論哪個年齡的小朋友都可以找到適合又有趣的器材。

中城公園範圍非常廣大，西區停車場距離遊具區比較近，開車到這裡可以省去一些路程，最為方便。周邊沒有賣店，建議準備一些點心讓小孩補充體力。

海軍壕公園
一次玩兩座溜滑梯

與其他公園相較，海軍壕公園的名聲或許沒那麼響亮，但這裡可擁有高低兩座超長的溜滑梯。順著山坡而建的溜滑梯可分為藍色及黃色兩座，高度都頗高，但其實坡度沒有想像中陡，而且還會彎來彎去，有些時候還需要小朋友自己動屁股滑動。

其實海軍壕公園所在還有一處「舊海軍司令部壕」，這裡是二戰時沖繩海軍的指揮所，約300公尺的地下戰壕開放參觀，可以看到沖繩戰役的慘烈，體會到和平的珍貴。

🚗 從那霸市區開車約6公里　🏠 豐見城市豐見城236　☎ 098-850-4055　🕐 8:00~19:00　🅿 100個　🗺 33 036 723

推薦理由

海軍壕公園的遊具相較之下較為簡單，但是超長溜滑梯還是非常吸引人，吊床式的盪鞦韆也很有趣，而且因為地勢較高，從這裡可以看到鄰近的高速道路，還可以遠望市區街景，將那霸市區、海邊盡收眼底。

公園距離那霸市並不算遠，但如果從市區出發，很容易會遇上來往市區的大量車潮，建議預留一些時間以免塞車，另外，建議可以與同在豐見城市的Outlet Mall ASHIBINAA串聯為一天行程。

玩完溜滑梯後想再玩一次，就必須爬上長長的階梯，體力好的小朋友也可以挑戰黃色小屋頂下的通道，裡面有不少需要攀爬的繩網喔。

名護城公園
親近自然的遊具廣場

名護城公園的面積非常廣大，公園的遊具廣場主要是「ウーマク広場」(淘氣廣場)，這裡除了幾乎是必備的長溜滑梯，還有可以讓孩子享受刺激感的溜索(泰山繩)，恰好的高度及底下的沙地都為安全做了考量，還有類似攀岩的攀爬設施，每一樣都可以讓孩子們挑戰看看。

🚗許田IC開車約10公里 　名護市名護5511 　☎0980-52-7434 　🅿淘氣廣場約7個，公園南口約20個 　📍206 629 375(淘氣廣場)、206 629 062(公園南口)

> **滾輪式的溜滑梯速度其實頗快，也十分順暢，以正常坐姿玩就很有趣了。**

推薦理由

雖然設施不算多，但這裡的遊具都是適合小朋友重複挑戰的設施，而且相對其他熱門公園，這裡人潮不多，可以悠閒地玩耍，還可以欣賞公園的大片自然，如果在櫻花季造訪，更能夠順便賞櫻呢。

名護城公園距離名護市區頗近，可以與名護市區店家或北部景點串聯，另外，因為名護城公園很大，記得確認好MAPCODE。

> **當然不能少了長長的溜滑梯。**

> **遊具廣場旁的「さくら橋」風景非常美麗。**

浦添大公園
超人氣長溜滑梯

浦添大公園最吸睛的就是長達90公尺的溜滑梯，雖然長度不是沖繩第一，但與周遭林木相融的綠色滑梯就建在道路旁，彷彿要朝車道滑去一般，視覺效果十分驚人。

公園內的木造遊具也很有人氣，這座遊具設有小型的攀岩木牆，還有錯綜複雜的網狀通道，左右爬來爬去以外，還有一個360度迴旋的關卡，小朋友除了需要體力，更勇氣及腦力才可以順利通過。

🚗那霸市區開車約8公里 　浦添市伊祖115-1 　☎098-873-0700 　🕘9:00~21:00 　🅿遊樂廣場前約50個，全園200個 　📍33 312 045(遊樂廣場)、33 312 008(展望台)

推薦理由

一下左彎、一下右拐的長長溜滑梯十分刺激，光是這個設施就可以讓小朋友玩上許多次，還有宛如迷宮般的攀爬網可以挑戰，雖然設施不如中城公園、平和祈念公園豐富，但如果只是想玩溜滑梯，這裡可以說是最耐玩的一處公園。

公園與那霸市區或美國村距離約15分鐘車程，可以考慮與之串聯；入口的管理處設有洗手間，還設有許多飲料販賣機，另外大門處約有20個停車位，客滿的話可以停在道路對面的停車場，那一區有約30個車位。

本部公園
童趣的蔬菜主題公園

本部公園是位在南風原町內的一處公園，公園造型十分有趣，特別以「野菜王國」(蔬菜王國)為主題，設計出了充滿蔬菜色彩的這處公園。其實公園本身更是位在一整片沙地上，光是沙坑就可以讓喜歡玩沙的孩子開心許久。公園後方還有一座較長的藍色木板式滑梯、以水泥製成的滑梯牆，俯衝速度更快也更刺激，前方則有不少體能類的設施，像是吊桿、蜘蛛網般的爬架、小型攀岩牆等等，也有適合幼兒的盪鞦韆喔。

🚗從那霸市區開車約6公里，距離玉泉洞約9公里。 🏠島尻郡南風原町本部352 ☎098-889-2620 🅿約20個 ✉33 072 271*54

©与那原町

©与那原町

推薦理由

設施不是最豐富，但主題式的造型十分可愛，不同溜滑梯也有不同樂趣，攀爬式的設施可以讓孩子盡情放電，而且公園就位在沙坑之上，小朋友也可以在這裡玩沙，園內設有洗腳旁邊就有洗手間，不怕沒地方清洗。

公園位在南部，若是從沖繩前往玉泉洞等南部景點的話，可以順路前往一遊，因為公園是沙地，小朋友喜歡玩沙的話，家長也可以幫孩子準備玩沙的道具，讓孩子玩得更開心。

組合式的多樣滑梯以外，還有可以鍛鍊體力的體能類器材，也很受小朋友喜愛。

東濱恐龍公園
跟恐龍一起玩耍

與其他設施豐富的公園不同，位在與那原町的東濱恐龍公園可以說是靠造型取勝，因為遊具本身就是一隻超大暴龍，遠遠的就可以看到紅色恐龍的身影，還可以從暴龍的屁股爬進牠的身體內探索，下方還有小小溜滑梯，另外一旁的小山丘上則有一座較高的溜滑梯，也可以享受滑梯的樂趣。

🚗那霸市區開車約10公里 🏠島尻郡与那原町東浜15-5 ☎098-945-2201 🅿對面有免費停車場 ✉33 136 523

推薦理由

設施不多，但是三層樓高的暴龍真是太吸引人，如果家裡的孩子喜歡恐龍，那這裡一定可以討他的歡心，另外因為位在住宅區內，人潮不多，也可以享受另一種悠閒的氣氛。

恐龍設施下方是沙坑，也可以讓小朋友們玩沙。另外，約8分鐘車程的地方還有一座以絲瓜為主題的「宮城公園」，不妨排在一起。

玩沖繩吃什麼？

沖繩的歷史及風土直接影響了她的飲食文化，海外貿易、美國的佔領等由外流入的飲食文化也增添了本土的風味，再加上地處亞熱帶，豐富的天然資源，造就了現在沖繩多元的飲食。

Tacos

タコス

沖繩版異國料理的經典，是源自墨西哥的傳統食物，呈U字型的墨西哥薄餅(tortilla)中夾入蔬菜、肉等內餡，再搭配上酸辣開胃的莎莎醬、酪梨醬，嚐來相當對味。來到沖繩別忘了試試KING TACOS、tacos-ya等名店！

Delicious!♪

沖繩麵

沖繩才有的麵，由100%的小麥粉製成，含有豐富蛋白質，如果用手工打製則咬勁十足，其柴魚湯頭、扁麵條加上滷排骨或三層肉的組合，清爽不油膩，真是美味滿點的主食。

Taco Rice

タコライス

衍生自墨西哥料理Tacos是誕生自沖繩的當地美食，白飯上盛上Tacos的絞肉、起司、萵苣、番茄等餡料，最上面再大量的淋上開胃的莎莎醬，不只看來顏色鮮艷、引人食慾，是大人小孩都會喜歡的美味。

苦瓜料理

ゴーヤー

沖繩的苦瓜和台灣的不太一樣，台灣的苦瓜又大又白，通常是煮到軟爛或塞肉食用，沖繩的苦瓜比較小，顏色深綠，通常用炒的，吃起來脆脆的，有一種香香的苦味，不怎麼苦，尤其和島豆腐、火腿和蛋一起炒的炒苦瓜一定要嚐嚐。

沖繩蜜豆冰

沖繩ぜんざい

ぜんざい的漢字為「善哉」，是一種將砂糖煮過的蜜紅豆加入白玉糰子、麻糬等食材的甜點，而沖繩的「善哉」則是一種特殊的冰品，以黑糖煮過的蜜紅豆配上白玉，上頭則是如小山丘般高聳的刨冰，嚐來滋味甜蜜，清涼消暑。

Orion啤酒

以沖繩為據點的大型啤酒製造廠，口味清爽、泡沫細緻的沖繩地啤酒，離開沖繩就不容易喝到囉。

泡盛

「發酵時泡多的話就是好酒」——而被稱為泡盛的沖繩米酒。一般濃度較高，種類與酒造眾多，各有支持者。怕太濃也可以點加入汽水或果汁的泡盛調酒。

Blue Seal

來自美國的Blue Seal冰淇淋連鎖店，除了在到處都有的小攤來球香濃冰淇淋外，別忘了到Big Dip等大型店挑戰這種豪華型的冰淇淋哦！

A&W

在沖繩落地生根的美式速食連鎖店，最招牌的就是The A&W Burger，自家製的麵包中夾入牛肉、番茄、洋蔥圈、奶油起司、黑胡椒豬肉等，大份量好是滿足。另外，也別忘了喝杯冰透的麥根沙士(Root Beer)唷！

海葡萄

海ぶどう

口感類似鮭魚卵的奇妙海生植物，入口後有著濃濃的大海香氣與鹹味，除了在餐廳有海葡萄丼外，也有單盒販售，可以直接沾醬油吃。

豬耳朵

ミミガー

　　將豬耳及豬臉抹上一層薄鹽醃一下，切成細絲涼拌，加入小黃瓜及香濃的麻醬和醋一同拌勻，吃起來喀喀脆脆很有口感，是沖繩居酒屋中的必備小菜。

🏠沖繩各家常食堂、居酒

Good!

石垣牛

　　神戶牛排名聞遐邇，但原產地實際是在石垣島。由於該地環境得天獨厚，有非常純淨的水質與清新的空氣，牛隻吃了新鮮草食加上適當運動，自然健康優良。來到沖繩隨時都可嚐到正統且價格平實的石垣牛牛排，除了牛排外，燒肉也是品嚐牛肉原味的好選擇。

花生豆腐

ジーマーミ豆腐

　　花生作成的豆腐，口感類似麻糬，淋上黑糖蜜做成甜點，除了在食堂、居酒屋可以品嚐到，在市場或伴手禮店也可以買到，甚至還有推出黑糖、紅芋口味的花生豆腐。

豚骨拉麵店

(おすすめ)沖繩的人氣濃厚豚骨拉麵店
麵や偶 もとなり 那霸空港店

　　在沖繩如果想吃一碗美味的濃厚豚骨拉麵，那麼美味名單中一定有「麵や偶 もとなり」。開業於2009年，光在沖繩市區就有多達4家分店，甚至也展店到台灣，可見受在地人喜愛的美味、也深受台灣人歡迎。濃厚豚骨拉麵可說是店內最人氣的選項，湯濃而不膩口，滋味醇厚而不腥躁，主要是每天使用沖繩名產、美味的阿古豬的骨頭，每天至少使用多達100公斤的量，熬煮出美味湯底。而為了搭配湯底，在麵條的選用上也特別用心自製，只為完成一碗湯、麵搭配完美的最佳口感。

　　2022年更在那霸機場國際線展店，成為機場內唯一一家的拉麵店，讓觀光客能更方便享用到店家自豪的美味，而機場也非常貼心，提供顧客可以調整湯的鹹度，滿足美味的細節需求。而除了招牌豚骨拉麵，沖繩麵、餃子、飯類、飲料等，也一應具全。

🚶 從國內線徒步約6分鐘(位在ふくぎホール內)
☎ 098-996-4273
🏠 那霸市鏡水150-1 (那霸機場國際線3F)
🕐 9:00~16:00(L.O. 15:45) / 休日：例假日
💲 もとなり拉麵¥920、魷魚墨拉麵¥1,200、赤蝦油拉麵¥1,200

📷 motonari_airport

黑壓壓的墨魚麵也是人氣一品，搭配入口Q彈的墨魚切塊，湯麵一起入口，意外清爽美味。

那霸機場國際線，機場內唯一一家的拉麵店。

店內空間保留傳統拉麵店風格，用餐環境溫馨自在。

調合三種小麥粉的自製麵條，與濃厚的豚骨湯頭一起享用，是店內必推招牌！

藍魚豆腐

スクガラス豆腐

藍魚是一種營養可口的魚類，沖繩人很早就知道其美味和營養，小小的藍魚多半被拿來醃漬儲存，再配上豆腐食用。

サーダーアンターキー

名稱來自首里方言的砂糖(サーダー)加上炸物(アンターキー)，是類似甜甜圈的沖繩傳統點心，口味香甜、簡單而口感紮實，嚐來相當有飽足感。

香片茶

さんぴん茶

源自中國的香片茶，只帶有微微香氣，喝起來像無糖的茉莉花茶，是沖繩人最常喝的飲料，不只是在餐廳可點到，便利商店也可以買到保特瓶裝或紙盒裝的さんぴん茶。

炸烏尾鮗

グルクンの唐揚

烏尾鮗是沖繩縣的縣魚，住在珊瑚礁海域，是沖繩唯一大量捕獲的魚類，肉質色白，通常拿來鹽燒或是酥炸，酥炸時，頭和骨頭都可食用。

泡泡茶

ぶくぶく茶

來自沖繩茶道，將煮過煎米的水與沖繩的茉莉花茶倒入茶鉢中，再以茶筅打出細緻的泡泡，不只外型可愛，口感更是有趣，另外也有泡泡咖啡、泡泡泡盛等其他種飲料。

扁實香檬

シークヮーサー

介於葡萄柚和檸檬之間的水果，酸酸甜甜的滋味，不論作成新鮮果汁、調味醋或是罐裝飲料都很適合。

☺飲料到處都有，調味料等可以在牧志市場附近找到。

玩沖繩買什麼?

來沖繩時你會發現原來沖繩有那麼多好買的商品,從傳統工藝的紅型、琉球玻璃、陶器等,到結合當地南國情調與島民創意的T恤、夾腳拖,或是限定的零食、特產,每一個都各具特色,這裡特別把推薦的沖繩商品列出來,讓你一次買個夠!

沖繩的鹽

雪鹽、抹茶鹽、柚子鹽等琳瑯滿目的品牌與種類,還有用雪鹽製成的糖果、汽水,挑一個自己喜歡的帶回家吧。

紅芋塔
紅芋タルト

紅芋塔是老少咸宜的沖繩名產,100%選用沖繩當地紅芋,外型是艷麗的紫色,可嚐到紫芋本身特有的風味,來到沖繩買這個絕不會錯!

沖繩黑糖

沖繩因為種植甘蔗,所以以甘蔗製成的黑糖也相當有名,據當地人說挑選時顆粒大的較純正。

沖繩限定零食

POCKY、PRETZ、ぷっちょ、嗨啾、KitKat都有出沖繩限定口味,比較常見的像是紅芋、黑糖,以及酸酸甜甜的鳳梨、香檬等水果口味,部分零食甚至還會推出像泡盛、海葡萄、石垣牛等較難想像到的風味。

石垣辣油

在日本紅上半邊天的石垣辣油由島辣椒作成,現在也有數十種品牌可供挑選,其中最知名的當然就是元祖——辺銀食堂的石垣辣油。

金楚糕
ちんすこう

起源自從琉球王朝時代、擁有300年歷史的沖繩傳統點心，除了傳統的原味外，還有雪鹽、巧克力、水果等創意口味。

八島黑糖

一盒內有8處離島製作的黑糖，每處製做的黑糖色澤、顆粒、香氣、口感都不太一樣，而每個小包裝上都是該島的特色圖案，是相當特別的伴手禮。

石垣島ROYCE生巧克力。巧克力洋芋片

ROYCE生巧克力與巧克力洋芋片在日本相當知名，來到沖繩還可以買到結合沖繩特色的各式商品，包含泡盛、芒果、黑糖、百香果+香檸等口味的生巧克力，以及石垣島鹽的巧克力洋芋片，相當值得一試。

雪塩ふわわ

有著可愛名稱的雪塩ふわわ(fuwawa)，是擠花狀外型的小巧點心，推出了椰子、黑糖及紅芋3種口味，可嚐到淡淡的鹽的鹹味及蛋的香氣。

仙貝餅乾

包裝設計得很有個性的餅乾，又鹹又香的滋味讓人忍不住一口接一口，綠色的為海葡萄、紅色的是Taco Rice、黑色的則是阿古豬肉，其他還有辣油、島辣椒、石垣牛牛排等口味。

Silk Salt

超細微粉末的鹽可以用來按摩身體與臉部，加水的瞬間還會發熱，讓人直呼太神奇了！

城市杯

用色鮮豔的沖繩城市杯，上頭彩繪的圖案為沖繩代表性的木槿等植物，可愛的風獅爺就乘著浪，感覺像是在玩耍一般，喜歡收集星巴克城市杯的人可不要錯過。

沖繩陶器

實用與個性兼具的沖繩陶器有500年左右的歷史，常見紋樣如魚紋、唐草、水玉等，依師承不同各有特色。

風獅爺
シーサー

說到沖繩的代表物，許多人可能會先聯想到佇立在民家屋頂上的風獅爺，來到沖繩，除了可以欣賞各家神情、姿態各異的風獅爺外，也可以在特產店購買各種風格的風獅爺商品，甚至還可以到體驗村彩繪或親自做一隻世上獨一無二的風獅爺。

創意T恤

沖繩藝術家的創意無窮無盡，不論KUSO、可愛或藝術風都找得到。在國際通上聚集了許多販售創意T恤的店舖，除了有可愛沖繩代表性圖案的衣服之外，也有寫上斗大日文字的特色T恤，上頭寫的「胖子有什麼不對」(デブで何が悪い)、「我只是還沒拿出實力」(俺はまだ本気出してないだけ)等文字，讓人會心一笑。

美麗海水族館限定商品

在水中優美游動的鯨鯊、鬼蝠魟、海牛等美麗海水族館的動物們，化身為卡通版及擬真版兩種風格圖案，製做成玩偶、資料夾、毛巾、小方巾等各色商品，甚至還有水族館的獨創護唇膏、化妝水呢。

三線

和本島的三味線不同，為傳自中國的古樂器。它曾是琉球士族教養的一環，沖繩民謠也由此誕生。

明信片

日本郵局從2009年開始依47都道府縣各地的特色設計了一系列的明信片，之後約1~2年再推出新款。沖繩的當地名信片有風獅爺、苦瓜、琉球舞踊、三線、エイサー(Eisa)、竹富島、首里城等，可挑張寄給自己或親友。

Lululun面膜

在日本熱銷的Lululun面膜於沖繩推出了兩款限定版：苦瓜及香檬，紅色與黃色的鮮艷包裝融入沖繩元素，設計得相當可愛，1包裡面有7片，無添加色素及香料，相當適合買來自用或送給女性朋友。

紅型商品

紅型顧名思義便是「有顏色的圖案」，是沖繩自己獨特的印染方式，除了傳統的花卉、自然等圖案外，現在還有許多紅型職人們會創作出可愛動物等圖案的紅型，並製成包包、杯墊、扇子等各種商品。

沖繩玻璃

因戰後資源再利用而發展起來的沖繩玻璃工藝，因製作限制產生的氣泡與不規則形狀反而成為特色之一。

沖繩夾腳拖

顏色、圖案都可以依照自己喜歡的樣式訂做的夾腳拖，把沖繩的悠閒舒適帶回家吧。

琉球美肌面膜

用泡盛「琉球美人」做的面膜，或是飄著甜甜黑糖味道的面膜，自用或送禮都很適合。

©photo AC

沖繩最熱鬧的區域都集中在這裡！

那霸市
Naha City

浦添市

新都心

第一牧志
公設市場周邊

那霸市

西原町

波上宮

國際通

首里

浮島通·新天堂通

壺屋通

那霸市區

南風原町

豊見城市

那霸市是沖繩縣的政治、經濟、文化中心，不僅是進出的玄關，更是大家花最多時間遊玩的地方。光是市區及周邊就可以玩上好幾天，且大部分的景點以單軌電車就可以串聯，其中尤以國道58號和國際通為中心，擴及旁邊的第一牧志公設市場、平和通以及壺屋通，所有娛樂、商品、傳統工藝、百貨公司都聚集在這裡，應有盡有。再加上琉球王朝的根據地——首里城近在咫尺，那霸無處不呈現出一股新舊融合的氣息。

那霸觀光購物的一級戰區，百貨、24H超市、藥妝、名產、餐廳應有盡有，買到手軟、逛到腿軟！

造訪國際通理由

1 那霸市最繁華的商業街

2 美食、購物集中地

3 從早到晚都精彩

國際通往往是旅人到訪沖繩的第一站，商店、餐廳、飯店林立，怎麼逛都不會膩！

那霸市：國際通

越夜越美麗，屋台村、一蘭拉麵、居酒屋，都是夜貓子覓食好去處。

 MAP P.46 國際通

こくさいどおり／International Street

國際通位於那霸市中心，是縣廳前交叉口至安里三叉路之間的一條商業街，可以說是沖繩地區最為熱鬧的區域。從單軌電車縣廳前站到牧志站之間，當地名產、服飾小物、百貨、餐廳、三線live house等店家緊緊相連，人行道上常能見到有趣的地攤。周邊還有庶民市場、觀光名產、當地美食，以及許多可愛的特色小店隱藏巷弄間。

至少預留時間
吃飯順便購物
2~3小時
大肆採買及周邊小巷遊逛
1天都不夠用

沖繩都市單軌電車【県庁前駅】、【牧志駅】、【美栄橋駅】

掃地圖

自駕車子要停哪？

國際通一帶的店家幾乎都沒有專屬停車場，以下是車位較多的幾處停車場：

·アップルパーク牧志
- 🏠那霸市牧志2-5-5
- ⏰24小時停車場
- 💲2小時內每30分￥100，之後每小時加￥100；20:00～翌日8:00最多￥500。
- 🅿21個
- 🗺33 158 540*78

·県民広場地下駐車場
- 🏠那霸市泉崎1丁目(由県道42号線開進地下停車場入口)
- ⏰6:00～24:00，23:00～翌日7:00為1泊
- 💲1小時內￥300，之後每30分加￥150，當日最多￥1500；1晚￥1050。
- 🅿202個
- 🗺33 126 838*15

·NPC24H那霸市役所本庁舍駐車場
- 🏠那霸市泉崎1-1-1
- ⏰24小時停車場
- 💲平日8:00～18:00間1小時內￥100，之後每30分加￥300，平日18:00～8:00每20分￥100，夜間最多￥500。週末及例假日每20分￥100，當日最多￥1,000、夜間最多￥500。
- 🅿214個
- 🗺33 126 893*35

·みどり立体駐車場
- 🏠那霸市牧志2-17-9(沖映通り上，Orix租車旁)
- ⏰7:00～24:00
- 💲1小時內￥350，之後每20分加￥100，當日最多￥1,000。
- 🅿300個
- 🗺33 157 709*74

有此一說～

奇蹟的一英里
國際通總長約為**1.6公里**，由於1.6公里等同於1英里，隨著國際通的繁華興盛，許多百貨與商店也紛紛駐足於此，也讓國際通有了「奇蹟的一英里」稱號。

美軍佔領琉球群島後，曾在國際通上建立了一座「恩尼·派爾國際劇場(Ernie Pyle國際劇場)」，國際通則因此得名。

Do You KnoW

曾是黑市？！國際通的前世今生

國際通早期被稱為「新縣道」，1933年建成時位於郊外，因此人煙稀少，是當時連接那霸市中心與首里市的最短路徑。二戰後，沖繩被美軍接收，沖繩一片混亂，許多無處可去的人便集結到這個地方，發展出黑市，國際通也因此逐漸興盛。

怎麼玩國際通才聰明？

那霸市觀光案內所

這裡提供中英韓三國語言服務，備有觀光情報誌《NAHA NAVI》、最新版國際通地圖及各種店家折價券，另外也可寄放行李(1日1個)￥500)、購買單軌電車一日券及文化王國玉泉洞等設施門票，甚至也可兌換日幣，不妨先去蒐集情報。

確認店家位置

國際通雖然只是一條街，但街道其實頗長，從分立兩頭的県庁前駅走到牧志駅需要20分鐘左右，建議先確認好店家位置，從較近的車站出發。Ryubo百貨靠近県庁前駅的1號出口，國際通屋台村鄰近牧志駅，可不要走錯站了！

步行者天國

每到週日下午12:00～18:00，國際通會成為「步行者天國」(行人徒步區)，無車的大路上滿是街頭小販、表演者、玩耍的小朋友和觀光客，氣氛悠閒。

A | B | C

往 波上宮

國際通

1

ESTINATE

美栄橋馬

やっぱりステーキ2nd

東横|

松山公園

APA Hotel

たそがれ珈琲

福州園

お食事処 三笠

我那覇焼肉店

Y's Cafe

那覇商業高

食彩酒房 まつもと

COLOSSEO262

JUMBO STEAK
HAN'S 本店

沖縄第一ホテル

ラーメン康竜

T8
BALL DOUNUT

松本清 久米店

BACAR

追風丸

live ho
福木屋
ふくぎや 国際通り店

Nishitetsu Resort
Inn Naha

2

琉球民芸ギャラリー鍵石
久茂地店

美濃作

古酒家
松尾店

海想
松尾店

久米公園

資生堂パーラー
無印良品
Francfranc

わしたショップ
Umichurara

ゆうなんぎい

ホテル

steak house 88
國際通西口店

AUNT STELLA

まんじゅまい

JEENAR

Okinawa NaHaNa
Hotel & Spa

県庁前駅

沖縄銀行
本店

Hotel
Gracery Naha

Naha Grand
Hotel

東横INN那覇
旭橋駅前

Hotel Sun Okinawa

OKINAWA
文化屋雑貨店久茂地店

琉球
Market

チャーリー
多幸寿

街の麺処
琉家 本店

あげパン工房
Antoshimo

宮古島の雪塩

御菓子
御殿

THE KITCHEN
HOSTEL AO

RYUBO

A&W松尾店

Habu Box那覇店

県庁前

Daiwa Roynet
沖縄縣廳前

Almont
Hotel

県庁北口

縣民廣場

県庁前

猫カフェ
にゃんそーれ

炭火やきとり
寛泉崎西店

甘味処
万丸Café

沖縄県議会

県民広場
地下駐車場

oHacorte
松尾店

民宿月桃

3

旭橋駅

那覇ステーキ

NPC24H那覇市役所本庁舎駐車場

沖縄県庁

仲島の大石

那覇
市役所

沖縄県
警察本部

Rihga Royal Gran Okinawa

開南小

oHacorte Bakery

味噌めしや まるたま

Hotel Route Inn
那覇旭橋駅東

046

A | B | C

tituti OKINAWAN CRAFT

Kuma・Café

Vita Smoothies

sara'

栄橋駅

淳久堂

焼 焼膳

月光荘

往①松本清、◎栄町市場、安里↗

牧志公園

アメリカ食堂

JR九州ホテル
ブラッサム那覇

アップルパーク牧志

RENEMIA
Ti-da Beach Parlour

牧志駅

緑ヶ丘公園

暖暮

Brasserie Esprit

沖縄の風

往①、新都心↗

Cinnamon
Cafe

元祖大東
soba

HOTEL WBF ART
STAY NAHA

tuitree

久高民藝店

島の駅みやこ

桜坂市場

コスミック 波猿店

cafe・maaru

流求茶館

MITSUOシーサー
美術館

鐵板焼牛排 碧

Branchu

高良レコード店

CURIOSITIES
OKINAWA

Hotel JAL
City Naha

首里天樓

35 coffee

PABLO

星巴克

steak
house 88

Calbee+

國際通屋台村

Hotel Palm Royal Naha

COFFEE

花笠食堂

ラーメン康竜

Blue Seal Ice Park

海人

牧志店

唐吉訶德

首里
石鹼

大國
藥妝

Blue Seal
水原店

琉球菓子処
琉宮 平和通り店

てんぷす那覇

那覇市傳統工藝館

Shop Naha

-ya

波照間

一蘭拉麺

地酒
横丁

もちの店
やまや

ココカラファイン

Souvenir Gallery

Nippon Chachacha

珈琲台 ひばり屋

hyakura

elufe

Splash okinawa

kukuru okinawa市場店

シーサー工房 不羈

希望之丘公園

新酒店

Kürtõs kalács

琉球珈琲館

土香る
yap shop

水上店舗2F

沖縄アート体験 美ら風

ドライフルーツ工房 島バナナ

つけ麺SAKURA

プラザ

Paul Smith

ギャラリー象

Sweets cafe

toncati

C&C Breakfast
Okinawa

花笠食堂

櫻坂劇場

Ti-da Beach

BRATHESS

O'CREPE

猪肉蛋飯糰本店

第一牧志公設市場

さんご座キッチン

琉球びらす

churaumi

MIMURI

臨時牧志市場

海里

玩具Road Works

TEN-SIX.PROJECT

KARIYUSHI COFFEE AND BEER STAND

っぱん店

浮島ガーデン

anshare

南島製菓

食堂faidama

市場の古本屋
ウララ

Birdland

Masht star

miyagiya-bluespot

miyagiya

じーさーかす

言事堂

Taste of
Okinawa

hoccorie

GARB DOMINGO

RC宇座商店

壺屋大シーサー

20世紀ハイツ

MAHOU COFFEE

壺屋

那覇高

Zacca Cafe Spica

kitchen33

天ぷら食堂 桜囲

N

のうれんプラザ

ON OFF YES NO

◎景點　①商店　①購物　①巴士站　①餐廳　①麵食　①飯店　①和菓子　①甜點　①咖啡廳　①酒吧　①書局　⑤銀行　①公園　②停車場　①政府機關

荷包、信用卡預備備！國際通商店林立走到哪逛到哪，超多選擇不怕沒地方剁手～

購物以外還可以欣賞店內的大螢幕和水族箱喔！

血拚前先看這！

國際通上的店好像都一樣？

因為國際通太長了，光是同個品牌就會在街上接連設立許多分店，像是熱門的創意T恤、雪鹽、點心店，在國際通上就有好幾家分店，店面較大自然商品較齊全，若是沒有特殊要求，不妨就近選擇分店逛逛。

善用折價券

在國際通記得利用折價券，除了可以到那霸市觀光案內所取得折價券，其實國際通上也設有優惠手冊的發放點，另外像是日本的Rikka Dokka、国際通りガイド都網站都有優惠券，只要事先下載或是存好優惠券介面，就可以在合作店家使用。

- Rikka Dokka 🌐 www.okinawatraveler.net
- 国際通りガイド 🌐 www.kokusaidori.net

🎁 MAP P.46 C2 沖繩美麗海水族館直營店「Umichurara」

🚃 單軌電車県庁前駅徒步約3分
🏠 那霸市久茂地3-2-22 JAドリーム館2F ☎ 098-917-1500 🕐 10:00～19:30
⚠ 因疫情縮短營時，未來也可能修改

掃地圖

🌐 umichurara.com

沖繩美麗海水族館直營商店「Umichurara」就位在わしたショップ2樓，店內有著滿滿的水族館元素，包含豢養著小丑魚、不時從砂子探出頭的花園鰻等水生動物的小型水族箱，還有播放著水底世界的200吋巨大螢幕，而最受歡迎的當然還是那些可愛到不行的商品囉。

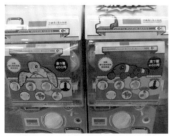

OKINAWA 文化屋雜貨店 久茂地店

MAP P.46 C2

- 單軌電車県庁前駅徒步約3分
- 那霸市久茂地3-2-24 098-863-3901
- 9:00~21:00
- koosya.co.jp/store/

掃地圖

　國際通上的這間「OKINAWA 文化屋雜貨店」，店前的等身大公仔非常吸睛，引人佇足，而在這間店裡，不管是想買什麼都可以找得到，這裡不只有動漫公仔玩具，沖繩縣內的限定伴手禮及各式雜貨品項也都非常齊全。有趣的店內裝飾，讓整間店洋溢著歡樂的氣氛，令人不禁被吸引而走進去。

露出尖齒的鯊魚、揮著拳頭的綠巨人浩克、筆直而立的鋼彈模型，牆上掛著的美式海報都好吸睛！

以琉球紅型設計入圖的手帕、四方包袱巾、門簾、扇子、手機殼等，都極具沖繩風采與南國氣息，非常適合買來當作送人的伴手禮。

わしたショップ Washita Shop

MAP P.46 C2

- 県庁前駅徒步約3分
- 那霸市久茂地3-2-22 (JAドリーム館 1F)
- 098-864-0555
- 9:00~20:00
- www.washita.co.jp

掃地圖

　由沖繩縣物產公社直營的沖繩土特產店，店名的「わした」為沖繩方言的「我們」之意，店內從食材、健康食品、泡盛、化妝品到工藝品、書籍賣的全都是道地的沖繩縣產品，其中最受好評的就屬天然化妝品和各種沖繩食材，此外並提供外幣兌換和觀光諮詢的服務。

宮古島の雪塩 国際通り店

MAP P.46 B2

- 單軌電車県庁前駅徒步約5分
- 那霸市久茂地3-1-1
- 098-860-8585
- 11:00~19:00
- www.yukisio.com

掃地圖

　「宮古島の雪塩」是利用宮古島產的雪鹽製作出各式甜點的專賣店，招牌的「雪鹽Rusk」(雪塩ラスク，烤得酥脆的蜂蜜蛋糕)甜中帶著一點點的鹹味，加上酥脆的口感，讓人一吃上癮，喜愛和菓子的朋友也可以嘗試雪鹽草莓大福或雪鹽羊羹。

那霸市：國際通

也有果醋、調味料等沖繩當地農產品可以選擇！

RENEMIA

- 單軌電車牧志駅徒步約2分
- 那霸市牧志2-7-15
- 098-866-2501　13:00~19:00
- 週一、展期間無休　www.renemia.com

掃地圖

　牧志公園旁的小巷弄瀰漫靜謐氛圍，帶有濃濃藝術氣息的RENEMIA就落腳於此。寬敞空間擺放著幾張大桌，再放上生活器具、服飾，光看店面擺設，真的會以為RENEMIA是一間藝廊，這裡的確會不時舉辦活動，但其實是結合藝廊的選物店。

帶有沖繩意象的T恤、窯元創作的碗盤道具等，每一樣都是老闆夫婦用心挑選的在地作家作品，想找些特別的紀念品，不妨來這裡尋寶。

店內還有簡單座位，可以享受一杯咖啡。

泡盛專門店
古酒家 松尾店

MAP
P.46
C2

- 單軌電車県庁前駅徒步約5分
- 那霸市久茂地3-4-18
- 098-862-6930　9:00~22:30
- koosya.jp

掃地圖

　門口醒目地寫著「縣內最大級古酒泡盛專門店」的古酒家，販賣的商品來自沖繩各地47家酒莊、600種以上的沖繩泡盛和古酒，也提供免費試飲，如果不知道哪種泡盛適合自己的話，可以請店裡的泡盛專家推薦，試著尋找自己最喜歡的口味。

首里石鹼

- 🚃 單軌電車牧志駅徒步約8分
- 🏠 那霸市松尾2-8-16
- ☎ 0800-000-3777　🕐 10:00~20:00
- 💴 手工肥皂￥2,310　💻 www.suisavon.jp

掃地圖

　首里石鹼標榜用有機草本植物製作的天然手工肥皂，一推出就大受歡迎，其中大多是由沖繩當地素材萃取出的美容成份，且不添加人工香料，就算是敏感肌或乾燥肌都適用，而每一顆香皂都帶有沖繩的特色，讓人在使用時的那瞬間，一聞到香味就回想起在沖繩度過的美好記憶。

不知道該挑什麼香味的話，可以看看人氣排行榜。

入夜後不妨來此用餐、小酌一番，感受當地觥籌交錯的熱烈氣氛。

國際通屋台村

- 🚃 單軌電車牧志駅徒步約5分
- 🏠 那霸市牧志3-11-16, 17
- 🕐 11:00~24:00，依店鋪而異。

掃地圖

　2015年6月中盛大開幕的國際通屋台村，腹地內齊聚了20間餐飲店，包含串燒、泡盛Bar、串炸、沖繩麵、烤肉等各式飲食，想得到的料理應有盡有，還有舞台不時會舉辦活動，演出沖繩歌謠或舞蹈。

唐吉訶德

- 🚃 單軌電車牧志駅徒步約10分
- 🏠 那霸市松尾2-8-19　🕐 24小時
- ☎ 098-951-2311　💻 www.donki.com
- 🅿 有契約停車場(收費)

掃地圖

　喜歡在日本購物的人對唐吉訶德一定不會陌生，這間以「驚安の殿堂」自稱的購物商場(「安」為日文的便宜之意)，從早到晚都被世界各地的遊客擠得水洩不通，館內食品、家電、藥妝、雜貨、沖繩土特產等豐富的商品一應俱全。

半熟起司塔名店PABLO在1樓設有分店，可吃到各種限定紅芋口味甜品。

2樓的35 coffee不僅咖啡好喝，因為獨特的烘培方法、環保意識，成為沖繩必訪的咖啡名店。

RYUBO

沖繩最大百貨RYUBO位於國際通縣廳前站的一側，所在建築是包括歷史博物館等的複合設施。RYUBO共計有12個樓層，這裡的商品風格較為年輕，各種品牌十分齊全，還多了佔地不小的無印良品、Francfranc和書店，全館還有多間餐飲、點心可以選擇。

📍P.46B2 🏠那霸市久茂地1-1-1 📞098-867-1171
10:00~20:00(B1~2F 10:00~20:30、2F樂園CAFÉ 8:00~20:00)，依店鋪而異。 🌐ryubo.jp Ⓟ館內消費可抵部分停車時間。百貨本身停車場外，周邊亦有數個契約停車場。

掃地圖

那霸市：國際通

Francfranc／RYUBO 8F

☎03-4216-4021 ⏰10:00~20:00
🌐www.francfranc.com

家居雜貨品牌Francfranc在廚房用品、浴室用品種類上相當齊全，就算只是一個小碟子，設計也都讓人覺得很療癒，店內每一件單品都極富質感，價格卻很平易近人，可以用色彩繽紛且充滿創意的雜貨，打造出夢想中的舒適生活空間，為日常生活增添不少情趣。非常值得花時間在這裡好好挑選，讓生活中多點時尚與設計感。

AUNT STELLA／RYUBO 1F

☎098-869-4733 ⏰10:00~20:00
🌐www.auntstella.co.jp

台灣也有的AUNT STELLA其實是來自日本的手作餅乾，其遵循傳統製作而流傳下來的配方與技術，讓餅乾展現出獨特的酥脆口感與風味，每片餅乾大小都是獨一無二。在這裡有開放式的餅乾櫃，及迷你的吧台，挑完自己喜愛的餅乾後，就可以馬上坐下來享用，配上一杯咖啡或紅茶，就是一個簡單卻又悠閒的下午茶了。

資生堂パーラー／RYUBO 1F

☎098-867-1171　◷10:00~20:00
🛒花椿餅乾￥1,998/24入　🌐
parlour.shiseido.co.jp

創業超過百年的資生堂Parlour，本店設在東京的銀座，是頂級點心的經典與品味，沖繩RYUBO百貨的專櫃可以買到最具代表的花椿餅乾。印著資生堂花椿(山茶花)圖案的法式酥餅，口感紮實，甜度適中，讓人很容易一片接著一片吃不停。

DO YOU KnoW

店名隱藏的小秘密

常到日本遊玩的人或許早就發現，許多店名都有「Parlour(パーラー)」這個字，它的原意是接待室，日文用來指提供洋菓子、飲料的喫茶店，「資生堂パーラー」就是最好的例子，在沖繩更帶有「路邊常見的簡單店舖」之意，因此沖繩可以看到許多 Parlour，想吃點什麼、喝些什麼，找一家就對了。

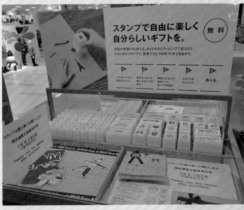

無印良品／RYUBO 8F

☎098-867-8151　◷10:00~20:00
🌐www.muji.net

這間在RYUBO百貨8樓佔地一半以上的分店，衣料服飾、文具用品、日常雜貨的品項都有，種類相當齊全，雖然台灣也有無印良品，但這裡可享退稅優惠，加上還有日本限定商品，都是讓人特別花時間選購的理由。

那霸市：國際通

老字號牛排館、美式漢堡、人氣拉麵……
沖繩必吃美食大彙集，來這裡就對了！

一蘭 那霸国際通り店
拉麵

天然豚骨湯拉麵
¥980
推薦菜

🏠 沖繩縣那霸市牧志1-2-24
琉球Central Building B1F

在一蘭的店舖，一向不用擔心吃不到喜歡的口味。不只是獨門湯頭，多國語言點餐單（日、英、中、韓）可選擇濃度、拉麵軟硬度、配料，加上個人式座位「味集中座位」，都可讓顧客不需在意他人眼光，慢慢享用美味道地，且符合自己口味的豚骨拉麵。

這家那霸國際通店舖配合在地風情，不只在裝潢設計採用沖繩赤瓦，餐券機旁也仔細佈置當地民宅常使用的花磚圍牆，甚至提供拍照區可讓顧客以海灘為背景做紀念，店內連門簾都是沖繩的「ミンサー柄」（綿狹圖騰）！此店舖也是日本國內座位最多的一家，又位於交通方便的國際通上，非常適合來打卡一餐日本之味！

📍P.47D2 🚃沖繩都市單軌電車Yui-Rail「縣廳前站」或「美榮橋站」步行9分鐘、「牧志站」步行10分鐘、巴士站「松尾」步行1分鐘 ☎098-861-1101 🕐10:30~22:00 🈳無
🌐zh-cht.ichiran.com/shop/kyushu/naha-kokusaidori/

掃地圖

各式牛排
¥1,800起
推薦菜

steak house 88
牛排

🏠 那霸市牧志3-1-6 勉
強堂大樓2F

國際通上的老字號牛排館 steak house 88是可以就近一嚐沖繩和牛與石垣牛等夢幻牛排的地方，熟度適中、肉香四溢的牛排，在復古的牛頭造型鐵板上滋滋作響，看了就令人垂涎不已。除了頂級牛排外也有多種平價排餐可以選擇。

📍P.47E2 🚃單軌電車牧志駅徒步約5分 ☎098-866-3760 🕐11:00~23:00 (L.O.22:00) 🌐www.s88.co.jp
🅿有契約停車場(收費)

掃地圖

那霸市：國際通

暖暮 那霸牧志店

拉麵

豚骨拉麵
¥800
must eat!
推薦菜

🏠 那霸市牧志2-16-10

掃地圖

暖暮的湯頭是九州一派的豚骨風味，
以大火熬煮出豚骨中的精華，有著濃
郁醇厚的滋味，麵條則比一般拉麵更細，
細緻麵體呈現不同的口感，喜歡豚骨拉
麵的話要排隊，不想等太久的話建議選擇非用餐時間前往，不然就只能耐心等待了。

🔺P.47E2 🚃單軌電車美榮橋駅徒步約3分 ☎098-863-8331 ⏰11:00~14:00，18:00~翌日2:00 🌐ramendanbo.okinawa/

A&W 国際通り松尾店

漢堡

A&W漢堡
¥690(未稅)
must just
推薦菜

🏠 那霸市松尾1-1-1(2F 3F)

A＆W是老牌美式速食店，
1963年就在沖繩開了一號店，
在沖繩本島及離島地區共有
30家分店，最大的特色是提供
麥根沙士，而且A&W的漢堡也
很美味，口味與台灣常見的速
食店完全不同，吃得到紮實的
用料，薯條也有肉醬起士與辣

醬起士口味可以選擇。

🔺P.46B2 🚃單軌電車県庁前駅徒步
約3分 ☎098-917-5502 ⏰9:00~22:00(早
餐~11:00) 🌐www.awok.co.jp

掃地圖

別忘了試試琳琅滿目的點心及民謠居酒屋，
品嚐沖繩多元風格的好滋味～

must eat!
ポテリこ サラダ
(現炸薯條 沙拉口味)
¥310
推薦菜

Calbee+

小吃

🏠 那霸市牧志3-2-2

國際通上的Calbee+是日本知名洋芋片公司Calbee的直營商店，店內不僅能夠一次買齊日本各地限定口味的薯條餅乾(Jagalico)，還有吉祥物長頸鹿手機吊飾、娃娃等限定商品，最特別的是有現炸薯條、洋芋片、冰淇淋等，只有Calbee+才吃得到的美食，喜愛薯條三兄弟的朋友不要錯過囉。

🚌 P.47E2 🚃單軌電車牧志駅徒步約5分 🕐 10:00~21:00(現炸熱食到20:30) 🌐 www.calbee.co.jp/calbeestore/sp/

掃地圖

must eat!
フクギ(福木)S
¥1,430
推薦菜

福木屋ふくぎや 國際通り店

蛋糕

🏠 那霸市久茂地3-29-67

掃地圖

以沖繩常見的福木為名，店內商品也充分使用沖繩當地的食材作為原料，原味的「フクギ」使用沖繩的雞蛋與蜂蜜，「カジュマル」加入了沖繩黑糖，形成外層稍脆、內層溼潤的口感，紫色的「紅の木」使用代表的紅芋，現場可看到年輪蛋糕的製作過程，烘烤的甜甜香味也讓人忍不住駐足。

🚌 P.46C2 🚃單軌電車県庁前駅徒步約7分 ☎ 098-863-8006 🕐 10:00~22:00(10:00~20:00) 🚫新年 🌐 www.fukugiya.com 🅿 有契約停車場(收費)

波照間

居酒屋

あぐー餃子
(AGU豬肉煎餃)
¥660
推薦菜

🏠 那霸市牧志1-2-30

進入波照間彷彿像來到離島的古民家一般，石道、低矮的石牆與樹木造景相當有情調，座位除了一般的吧台區、桌椅座位外，也有如民家走廊(側)的座位區，光是身處其中就覺得新鮮。提供的餐點為選擇多樣的沖繩當地料理，晚上造訪時如果想要欣賞完整的現場演奏，那麼就一定要到2樓的用餐區用餐，好好感受熱烈氣氛。

📍P.47D2 🚃單軌電車縣庁前駅徒步約10分 ☎098-863-8859 ⏰11:00~24:00(L.O.食物23:00、飲料23:30) 現場演奏大人￥1,100、小學生￥550 掃地圖 hateruma.jcc-okinawa.net ▪現場演奏18:30~、20:00~、21:00~，另外每人需支付小菜費(お通し代)。

民謠居酒屋3大特色報你知

民謠居酒屋可說是最具沖繩味的地方，而且都會有以下幾個特色：

1 民謠現場演唱

通常是兩位歌手(一男一女)以三線、鼓、三板等自彈自唱，接受點歌、與觀眾互動也是表演中的重要一環，出發前不妨記下一些沖繩民謠，到時候就可以請歌手現場演唱。

2 沖繩傳統舞蹈

民謠演唱後半段氣氛high起來後，歌手會邀請觀眾以沖繩的傳統舞蹈「カチャーシー」(ka-cha-shi)一起同樂，如果看到身旁的日本人開始舉起手或直接站起來了，記得一起加入，才不虛此行。

3 道地沖繩料理

居酒屋提供道地料理，菜單大多會有圖片，但難免還是會出現看圖片也無法分辨的情況，這裡介紹幾樣沖繩料理的說法。

・蔬菜及豆類料理

チャンプル：沖繩風炒青菜，特徵是以柴魚高湯調味，加入沖繩當地的島豆腐。

ゴーヤー：苦瓜，ゴーヤーチャンプル是沖繩招牌料理。

パパイヤ：青木瓜

島豆腐：沖繩特有水分較少、口感偏硬的豆腐。

ジーマーミー豆腐：花生作成的豆腐，口感類似麻糬，淋上黑糖蜜做成甜點。

・豬肉料理

ラフテー：滷三層肉

ソーキ：滷排骨(帶軟骨的部份)

足ティビチ：滷豬腳

ミミガー：豬耳朵

串·聯·行·程 那霸新都心

位於那霸市北部的那霸新都心，在1953年被美軍強制徵收為基地之用，直至1987年土地全數歸還後，開始逐步發展為新興市鎮，是那霸較近期開發的區域。以DFS為起點，百貨、大賣場和電影院沿著寬闊大路而立，當中還有造型獨特的沖繩縣立博物館·美術館，能讓遊客更了解沖繩的完整面貌。

◎巴士：那霸おもろまち線：可從旭橋 前的「那霸巴士總站(那霸バスターミナル)」或國際通上的「県庁前(往開南·上泉)」站搭車，在終點站「おもろまち駅前広場」下車。
◎沖繩都市單軌電車【おもろまち駅】、【古島駅】

 MAP P.59 B2 **沖繩縣立博物館·美術館**

info

⌂ 那霸市おもろまち3-1-1 　☎ 098-941-8200
🕐 9:00~18:00、週五~六至20:00，入館至閉館前30分。　週一(遇假日順延一天)、12月29~31日
💰 博物館成人¥530，高中及大學生¥270 ，中小學生¥150；美術館成人¥400，高中及大學生¥220 ，中小學生¥100；企劃展、特別展另計。
🌐 okimu.jp/tc/　📍 158個　🗺 33 188 675

　在滿是大型購物中心的新都心中，沖繩縣立博物館·美術館散發出截然不同的藝文氣息。白色建築外牆的波浪與中孔，靈感來自琉球王國的傳統城牆，內部挑高明亮的空間及雪白樹型支柱，則以現代語彙描繪沖繩的聖域意象。館內設有氣氛優雅的咖啡廳、沖繩日常生活用品體驗室和博物館商店。

 MAP P.59 C3 **T Galleria by DFS, Okinawa DFS旗下沖繩T廣場**

info

⌂ 那霸市おもろまち4-1 　☎ 0120-782-460
🕐 10:00~20:00，詳細時間依季節、店家而異。
🌐 www.dfs.com/jp/tgalleria-okinawa Ⓟ
400個　🗺 33 188 297*66

掃地圖

　名牌天堂DFS與單軌電車おもろまち駅直通，是日本唯一的DFS路面店。佔地廣闊的大樓內，50種品牌以上、琳瑯滿目的精品令人心動不已，不僅有日本尚未上市的新品和DFS限定款，大部分還有30~80%的折扣。3樓為餐廳樓層，提供種類豐富的各國料理。

先搞清楚DFS免稅規則
DFS為免「關稅」的免稅商店，也就是說在這裡購物就像在機場免稅店一樣，可以用不含關稅的優惠價購買精品。雖然在市區的DFS購物不需出示護照、回程機票，但購買的商品必須到機場出關後才能在DFS櫃台提取，需確認航班資訊及提貨時間。

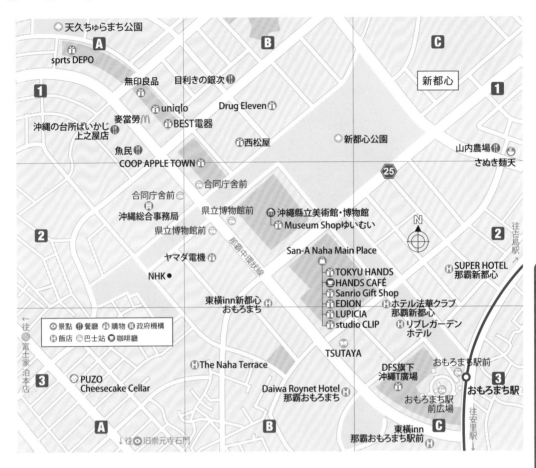

天久ちゅらまち公園

A sprts DEPO

B 新都心 **C**

1 無印良品　目利きの銀次

uniqlo　Drug Eleven

麥當勞　BEST電器

沖繩の台所ぱいかじ
上之屋店

魚民　西松屋　新都心公園

COOP APPLE TOWN　山内農場
さぬき麺天

合同庁舍前

合同庁舍前

沖繩総合事務局　県立博物館前　沖繩縣立美術館・博物館
Museum Shopゆいむい

県立博物館前

San-A Naha Main Place

那霸中環状線

2 ヤマダ電機　SUPER HOTEL
那霸新都心

NHK●　TOKYU HANDS
HANDS CAFÉ

東横inn新都心
おもろまち　Sanrio Gift Shop
EDION　ホテル法華クラブ
LUPICIA　那霸新都心
studio CLIP　リブレガーデン
ホテル

◎景點　餐廳　購物　政府機構
飯店　巴士站　咖啡廳

TSUTAYA

3 PUZO
Cheesecake Cellar

The Naha Terrace　DFS旗下
沖繩T廣場　おもろまち駅前

Daiwa Roynet Hotel　おもろまち駅　おもろまち駅
那霸おもろまち　前広場

A **B** 東横inn **C**
那霸おもろまち駅前

↓往旧崇元寺石門

往古島駅
往安里駅
往富士家泊本店

那霸市：國際通

MAP
P.59
B2

Naha Main Place

info

那霸市おもろまち4-4-9　098-951-3300

9:00~23:00，依店家而異。　www.san-a.co.jp/
nahamainplace/　2,500個　33 188 559*24

沖繩零售業龍頭San-A
在沖繩縣內最大的購物中
心，除了超市、書店、電器行
外，更網羅了LOWRYS FARM、
INGNI、earth music & ecology、GLOBAL
WORK、靴下屋等各種親民的日系女裝和
雜貨，就連童裝店鋪也找得到，2樓還有電
影院Cinemas Q，2015年夏天擴建後更有
東急手創等新血加入，可以逛上一整天。

掃地圖

想要了解沖繩的飲食、體驗在地風情，
走一趟沖繩人的灶咖——牧志公設市場就對了！

那霸市第一牧志公設市場
Makishi Public Market

那霸市：第一牧志公設市場

MAP
P.47
E2

第一牧志公設市場

だいいちまきしこうせついちば／
Makishi Public Market

　位於市場商店街中的第一牧志公設市場是販售沖繩生鮮食材的三層樓建築，1樓主要販賣生鮮食材，2樓為食堂和其他點心，3樓為料理體驗教室。這裡是沖繩最著名的觀光市場，可以在這裡感受到沖繩當地活力滿滿的生活面貌。而在市場周邊的市場本通與平和通上，除了有可以邊走邊吃的傳統點心和冰淇淋店、日常用品和名產店外，還有雜貨店混雜其中，偶然的發現令人驚喜不已。

至少預留時間
飽餐一頓
1~1.5小時
順便遊逛周邊文青小巷
半天~一天

掃地圖

沖繩都市單軌電車【県庁前駅】、【牧志駅】

造訪第一牧志公設市場理由

1 體驗最在地的沖繩日常

2 生猛海鮮現買現料理

3 就在國際通旁，排行程超順路

🔊 **市場重建完成，已搬回原址，別走錯囉！**

位於國際通上的「第一牧志公設市場」擁有長達60多年的歷史，但由於設備老舊，決定拆除重建。如今，已重建完成，並於2023年3月重新開幕。新的市場的營業分類，與以往一樣，只是多了3樓的體驗教室。

肉攤、魚販、蔬果攤等像極台灣的傳統市場，儘管吆喝的語言不同，還是讓人備感親切。

怎麼玩第一牧志公設市場才聰明？

早餐吃豬肉蛋飯糰

沖繩早餐吃什麼？一定要嚐嚐簡單可口的豬肉蛋飯糰！位在牧志市場旁的本店，以豬肉蛋搭配各式食材，創造出多元風味，也提供不少當店限定品項，實惠的價格與好滋味也讓小小的店舖每天大排長龍，絕不容錯過！

代客料理

在市場看到五花八門的海鮮食材，總是讓人口水直流。不能帶回台灣也沒關係，2樓提供代客料理服務，最適合短暫停留的觀光客。在1樓買好海鮮後，只要額外花些許的料理費用，就能立即品嚐。

串聯周邊巷子

牧志公設市場所在的市場本通與鄰近的平和通之間，還有市場本通延伸出的「市場中央通り」、大國藥局所在的懷舊商店街「むつみ橋通り」，以及服飾店、雜貨店、食堂聚集的「うりずん町」，再加上市場周邊小巷，都在此區範圍。

Do You Know

為何牧志公設市場要加「第一」？

第一牧志公設市場是來到沖繩一定要造訪的名所，但你有沒有想過為什麼是「第一」呢？這是因為「牧志公設市場」不只一個，其實在別的地方還有販賣雜貨、服飾為主的市場，但因為販賣生鮮海產、各式食料品的市場最為有名，因此只要講到「牧志公設市場」，通常都是指第一牧志公設市場喔。

市場內部大解析

一樓販賣部

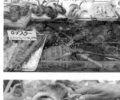

肉類部

一進到肉類部，就有戴著墨鏡、舉著豬蹄的豬頭先生笑咪咪地歡迎觀光客；這裡除了生鮮豬肉，牛肉、雞肉外，也現成的豬耳朵、豬頭皮、滷三層肉等道地的沖繩口味可以購買與試吃。而且，沖繩人和台灣一樣也吃羊肉和豬腳呢！

海鮮部

海鮮部是牧志市場最吸引人的地方：鮮綠、紅黃相間等色彩斑斕的熱帶魚，夜光貝、小管、螃蟹、龍蝦等依著季節輪番出現，令人目不暇給。最棒的是：雖然不能將海鮮帶回台灣，但買了海鮮後只要走到2樓，就能吃到現場烹調的新鮮美味唷！

醃漬物區

粉紅、米白、淺綠、亮黃……各種沖繩醃漬物整齊地排成格狀，在明亮的燈光下，像極了一幅顏色鮮明的拼貼畫。沖繩漬物的作法基本上來自日本，但味道卻偏甜，與本島很不相同，原料則包括當地蔬菜和少數海鮮，其中最具代表的就是爽脆偏鹹的下酒小菜「島らっきゅう」(島辣韮)，也都提供試吃。

食品區

在食品區除了有熬湯用的柴魚塊、昆布、沖繩麵等不同的食材乾貨外，還有沖繩特有水果——香檬做成的酸味沾醬、人氣持久不衰的沖繩辣油與石垣島辣油、料理必備的沖繩鹽等，上百種新奇的瓶瓶罐罐排在一塊兒，令人看得興味盎然。

二樓食堂區

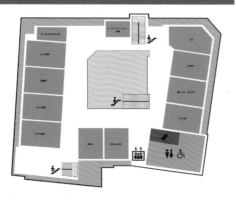

H&Bジェラ沖縄
牧志店

位於2樓一角的義式冰淇淋店，由沖繩出身的夫婦所經營。選好口味後，老闆會現場將新鮮水果與濃稠的義式冰淇淋攪拌在一起，最後再放上切塊水果做裝飾。不論草莓、芒果、奇異果、鳳梨等季節口味嚐來都清爽酸甜，更開心的是低卡路里！

🕐 10:00~18:00 💲義式冰淇淋regular ¥600 🈺週三及市場公休日相同 📶au09087089047.seesaa.net/

ツバメ食堂

由台灣人老闆開的燕食堂通台語、有中文菜單，是許多台灣客人的第一選擇。除了代客料理之外，燕食堂也有台灣和中華料理以及沖繩料理提供單點，像炒苦瓜、滷豬肉、炒羊肉等沖繩家常菜都能吃得到。

🕐 10:00~21:00(L.O.20:00)

🈺與市場公休日相同 💲代客料理1人 ¥500 📶www.tsubame-shokudo.jp

步

沖繩傳統點心「サーターアンダーギー」，是「沙翁」的沖繩方言，嚐起來像實心的砂糖口味炸甜甜圈，外層焦香，口感扎實，是相當樸實的庶民小點。步是沙翁的超級名店，曾有開店10分鐘完售的紀錄而被稱為「幻のサーターアンダーギー」，不早點來可是吃不到的喔！

📞098-863-1171 🕐10:00~賣完為止 💲サーターアンダーギー9個 ¥850 🈺週三、週日及市場公休日

📶https://www.makishi-public-market.jp/shop/81_sataandagiayumu/

代客料理流程
1 先至2樓食堂確認有無座位
2 再回到1樓選擇想吃的海鮮食材
3 買完海鮮後，前往2樓食堂選擇烹調方式。如果不知道怎麼煮比較好，也可詢問店員意見。
4 最後就能品嚐美味囉！

隨意走走，市場周邊隱藏不少復古、懷舊風小店，可以找到不少在地伴手禮，等著你來挖寶！

市場の古本屋ウララ

MAP P.47 E2

到市場本通時，會發現一家與周遭攤商迥異的書店，這裡正是傳說中「日本最迷你的書店」。店長宇田小姐原本是淳久堂的員工，接手了關閉的老書攤開設這家二手書店。不到3坪的店面放滿了宇田小姐收集來的二手書，不論歷史文藝或料理書、繪本、旅遊書，都是沖繩相關的書籍，吸引來往客人為之停留。

🚃 單軌電車牧志駅徒步約7分，原牧志市場對面 🏠 那霸市牧志3-3-1

🕐 11:00~17:30 ⊗ 週二、日

🌐 urarabooks.ti-da.net

店長還把自己開店的故事寫成書，也有中文版本喔

kukuru okinawa 市場店

MAP P.47 E2

這裡是紡織品牌「Kukuru」的直營店，店內販賣以沖繩風格為設計主題的雜貨及服飾，款式相當豐富且齊全，圖案的設計上色彩繽紛，有定番的風獅爺、瀕臨絕種的西表山貓，還有沖繩風夏威夷衫與拳擊褲，其他的雜貨像是以琉球紅型設計入圖的手帕、四方包袱巾、門簾、扇子、手機殼等，都極具沖繩風采與南國氣息，非常適合買來當作送人的伴手禮。

🚃 單軌電車牧志駅徒步約8分 🏠 那霸市松尾2-8-27

📞 098-863-6655 🕐 9:30~18:30 🌐 www.kukuru-okinawa.com

MAP P.47 E2 水上店舖2F

位於泰半廢棄的市場本通2樓的水上店舖第一街區，數年前開始有年輕的藝術家進駐，是孕育新世代藝術家的天地，包括沖繩の風、Mumuri、Fujisan Factory等店都是從水上店舖發跡後遷移至國際通周邊的商店。

🚃單軌電車牧志駅徒步約7分 📍那霸市牧志3-1-1 水上店舖第1街區 🕐11:00~21:00，各店家營業時間不同

 掃地圖

室和商店 年輕藝術家紛紛在這裡設立工作

水上店舖內小店和少數市場老店交錯，構成了奇妙的空間氛圍。

小包裝的餅乾 最適合當作零嘴 過過癮

 **MAP P.47 E2** ドライフルーツ工房 島バナナ

平和通內有一家從招牌到店面、商品都充滿「熱帶陽光」氛圍的菓子鋪，島バナナ提供在地自然風情的零嘴，招牌是做成沖繩風獅爺模樣的糕點，吃到看甜紅豆內餡以外，還有著扁實香檸的風味，除此之外貨架上更有讓人眼花繚亂的蔬果乾點心，芒果乾、無花果乾、葡萄乾、奇異果乾、草莓乾，或是一包包的苦瓜、秋葵脆片，自然健康又可愛的零嘴非常涮嘴。

🚃單軌電車牧志駅徒步約10分 📍那霸市牧志3-1-24 📞080-9852-6310 💰シーサー 菓子(風獅爺燒菓子)¥80、果乾類¥300/包

掃地圖

MAP P.47 E2 海里

浪濤般的藝術畫作是海里的招牌，就如同招牌的大海意象，海里販售的都是海洋風飾品。既然是海洋風，當然不能少了浪漫的貝殼耳環，但這不過是普通的商品，因為店內甚至有利用鯊魚牙齒做成的編織手環、項鍊，而且這些首飾都是由職人手工製作，數量稀少以外，有些還是獨一無二的商品。另外，店內還有可愛的手繪雜貨角落。

🚃單軌電車牧志駅徒步約8分 📍那霸市牧志3-3-1 📞098-988-9239 🕐11:00~18:00 💰サメの歯ミサンガ(鯊魚牙齒的編織手環)¥540 🌐rakuri.com

掃地圖

toncati

天藍色窗櫺與綠色盆栽，toncati充滿朝氣的店面讓人忍不住踏入店內，不算大的空間裡展示的都是木製商品，其實這些作品都是利用木材廢料做成，不僅如此，還結合了許多廢棄的材料，像是利用罐頭、易開罐的拉環做出馬克杯造型的花瓶、胸針，又環保又可愛的設計全都出自店長之手，巧思令人讚嘆。

🚃單軌電車牧志駅徒步約10分　🏠那霸市松尾2-9-1　📞098-868-9288　🕙10:00~12:00、13:00~18:00　💰胸針¥650~700、耳環¥1200　🌐toncati.com

掃地圖

就連展現沖繩活力的繽紛色彩也都是利用報紙、包裝紙拼湊而成

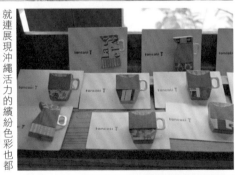

咖啡廳選擇多元，除咖啡、茶飲、酒水外，還有早中晚餐和輕食。

櫻坂劇場

櫻坂劇場上映的電影非常多元，從院線難以看到的冷門電影到值得欣賞的經典好片，每一部都是獨具品味的選擇，這裡還是以劇場為中心的複合設施，不時會舉辦藝文活動，也設有賣店「ふくら舎」和咖啡廳「さんご座キッチン」，完備設施與品味讓劇場成為電影愛好者、文青的聚集地。

🚃單軌電車牧志駅徒步約6分　🏠那霸市牧志3-6-10　📞098-860-9555　🕙依電影時間而異，約10:00~23:00　🈺依電影時間而異　🌐sakura-zaka.com

掃地圖

市場周邊也有許多人氣美食、甜品，等著旅人來品嚐～

エビタル（炸蝦豬肉蛋飯糰）
¥280
must eat!
推薦菜

ポーたま 牧志市場店

飯糰

🏠 那霸市松尾2-8-35

市場通內這一家不起眼的小店，只有一個布條式的招牌，卻靠著眾多網友的口耳相傳成為超人氣店家。這裡的飯糰主要是由豬肉火腿片配上煎蛋，另外還可再加點炸蝦、島豆腐、明太子等配料，採現點現做的方式，因此需要排隊等候，但剛做好時新鮮又熱騰騰的口感，加上超紮實的分量，都讓人覺得等待果然值得！

📍P.47E2　☎098-867-9550　🕐7:00~19:00

🔗porktamago.com

[掃地圖 QR code]

琉球菓子処琉宮 平和通り店

和菓

🏠 那霸市牧志3-1-17（和平通り）

琉宮是提供沖繩甜點的菓子鋪，最有名的就是沖繩特產「沙翁」，除了一般的甜味之外，店家還獨創了黑糖、椰子、芝麻等多種口味，以及尺寸比較小的「ちっぴるー」。在店裡還可以來一杯火龍果汁，或是加點綜合的「ちっぴるー」一起享用，一次就能吃到多種不同口味，讓人感到心滿意足。

📍P.47E2　🚃單軌電車牧志駅徒步約7分　☎098-869-6040　🕐10:30~18:00　📅第3個週四　💰サーターアンダギー¥140/個、トリオちっぴるー¥1,250/包（10入）　🔗www.ryugu.co.jp

[掃地圖 QR code]

沙翁
¥120/個
must eat!
推薦菜

つけめん（沾麵）
¥850
must eat!
推薦菜

つけ麺SAKURA

拉麵

🏠 那霸市牧志3-9-27

SAKURA是一家超隱密的拉麵店，白天經過的話，只能夠看到牆上的塗鴉，或許還會誤以為店面所在是一棟廢棄建築，其實這裡是晚上才開始營業的人氣麵店，最推薦的就是主打的沾麵了，黃澄澄的粗麵有著恰好勁道，配料除了定番的叉燒肉、玉子以外，還有沖繩苦瓜、海帶，不同的搭配讓口味更富變化。

📍P.47E2　☎098-862-9033　🕐週二~三、日18:00~02:00、週四~六18:00~04:00　📅週一

[掃地圖 QR code]

串·聯·行·程·1 壺屋通

壺屋やちむん通り名稱中的「やちむん」為沖繩方言的「陶器」之意，1682年琉球王府將沖繩各處的窯元遷移至此，開始了壺屋地區的發展，延續至今共有約50間窯元直營店、賣店與餐飲店。漫步於琉球石灰岩鋪設的白色鋪石路上，能同時感受古老小巷和特色陶器交織成的獨特魅力。

◎出牧志市場後沿平和通前進，依照壺屋燒物博物館的指標即可抵達
◎單軌電車牧志駅、安里駅下車，徒步約10分

MAP P.69 A1

石町小路

info

☖那霸市壺屋1-16-8附近

掃地圖

位於壺屋通後側的石町小路，是奇蹟似地躲過二戰摧殘、擁有百年以上歷史的古老巷道。轉進小路後，路邊高高的石垣綠藤蔓生，還能隱隱窺見近處民家的瓦片屋頂，充滿寧靜氛圍，沿途也有幾間茶房可以小坐歇憩。

壺屋的歷史

1609年薩摩島津藩佔領琉球並設下許多交易規範，使得琉球與中國等地的貿易受阻，仰賴海外輸入的陶器大受影響，不得不改由島內生產。爾後在諸多考量下，首里王府將窯元和陶工集中至土好水良，又靠近港口的壺屋，使這裡成為當時沖繩唯一的窯場，歷經3個世紀，地位依舊不衰。

MAP P.69 A1

陶器&喫茶 南窯

info

☖那霸市壺屋1-9-29

☏098-861-6404

🕐10:00~19:00

掃地圖

南窯位在一小座石垣之上，彎曲的小巧樓梯、爬滿綠意的石垣、樸實的外觀，都讓這座咖啡老舖別有一番古趣，店內販賣壺屋傳統的荒燒(素燒)作品。還能夠在陶器包圍中享用一杯咖啡，從座席欣賞壺屋通的街景。如果想要朝聖壺屋地區現存2座古窯之一的南又窯，走側門最快。

往桜坂中通り↑ 往國際通↘

A 十割そば 山楽
卐ニシヌメー
🛍壺屋陶器中心
壺屋WORKS
🔵壺屋燒物博物館

B 壺屋通

←往平和通

1 ←往浮島通
壺屋やちむん通
つぼや工藝店
soi 🛍
浮島通り
骨壺屋たかえす
南又窯
陶器&喫茶 南窯
茶屋すーじ小
🔵育陶園體驗工房
石町小路
清正陶器
卐ビンジュルグヮー

壺屋大シーサー
UTSUWAチャタロウ
guma guwa

craft house Sprout
kamany
島袋陶器所直売店
琉球料理 ぬちがふぅ(命果報)
東又窯

OKINAWA SOBA EIBUN
神原大通り
カフェンチュ
yacchi& moon
うちなー茶屋 ぶくぶく
育陶園
新垣家住宅
壺屋 卐
330
ひめゆり通(姫百合通)

2 陶・よかりよ
真南風 まるかつ
陶美館
新垣勲窯
小橋川清正陶器店
壺屋陶器會館
新垣陶苑
アガリヌカー

N

🔵景點 🍴餐廳 🍜麵食 🛍購物 🚌巴士站 ☕咖啡廳

A **B** ↓往🍴ベトナムバイク 屋台CO'M NGON

🎁 MAP P.69 B2 **育陶園**

info

📍那霸市壺屋1-22-33
📞098-866-1635
🕙10:00~18:00，體驗工房 10:00~ 17:00 ❌1/1~1/2 🌐www.ikutouen.com

育陶園是擁有300年以上歷史的窯元，作品以藍、茶、綠等壺屋傳統釉色及線雕技法等為特徵，有著纖細的美感，就連壺屋燒所不可或缺的釉藥以及陶土，也都堅持以手工製作。要是對手作有興趣，也可以參加育陶園的體驗活動，親自做做看風獅爺或是彩繪盤子喔。

🍴 MAP P.69 B2 **うちなー茶屋 ぶくぶく**

info

📍那霸市壺屋1-22-35 📞098-943-4811 🕙11:00~18:00(L.O. 17:30) ❌週二 💰ぶくぶく茶(泡泡茶)￥1,000(附小點心) 🌐bukubuku.jp

利用古屋空間改裝而成的茶屋，招牌是沖繩特有的泡泡茶(ぶくぶく茶)：溫熱的茉莉花茶(さんぴん茶)上，用米打出蓬鬆的白色泡泡，再灑上香香的杏仁粒。坐在老屋裡，聽著窗外木製風鈴的溫潤音色，時間的腳步，也彷彿慢了下來。

串·聯·行·程·2 新天堂通·浮島通

隔著國際通向兩側展開的浮島通與新天堂通，不同於國際通上的繁華熱鬧，浮島通隱藏了手作飾品、二手服飾等當地品牌，咖啡、老店錯落於新天堂通，街道上飄散愜意氛圍，讓旅人可以自在地漫步街巷，欣賞設計師精心製作的工藝品，或是在咖啡店度過午後，享受度假的悠閒。

◎從市場通、壺屋通一帶轉進浮島通，尤其浮島通一端其實位在壺屋範圍
◎單軌電車縣庁前、牧志駅下車，徒步10分鐘
◎新天堂通距離美栄橋駅較近，出站沿著沖映大通り前行，經Times停車場後右轉即達

來一趟那霸文青之旅！
那霸市中心內揉合藝文特質的店家大多聚集在浮島通、新天堂通上，要是對這類店家感興趣的話，Naha Art Map網站把這些藝術、工藝類店家集結起來，不僅有店家資訊，更製作了詳細地圖，只要按圖索驥，就可以來一趟文青風的那霸小旅行。
· Naha Art Map 🌐 www.facebook.com/NahaArtMap/

 たそかれ珈琲 MAP P.46 C1

info
◎ 那霸市牧志1-14-3
📞 098-863-6866　🕘 9:00~16:00
🚫 週四、日、國定假日　💲 咖啡
¥450起、水果塔（フルーツタルト）¥350 🆔
tasokarecoffee(IG)

たそかれ珈琲雖然只是一家小店，卻處處都是店主心意。客人點單之後，老闆才開始沖泡自家焙煎咖啡，讓小店內總是香氣繚繞，如果肚子餓了，縣產豬肉、蔬菜做成的咖哩是最佳選擇，想來點輕食則可選擇麵包，店內麵包不僅都是老闆以自製天然酵母低溫發酵做成，更用了北海道產的裸麥及稀少的「ハルユタカ100」麵粉，手工甜點則使用有機雞蛋、沖繩系滿甘蔗製成的黑糖，每一樣都不含人工香料、調味料，吃得到老闆滿滿的用心。

🍴 **浮島ガーデン** MAP P.47 D2

info
◎ 那霸市松尾2-12-3
📞 098-943-2100　🕘 週五、週六
11:30~16:00(L.O.15:30)　💲午
餐¥1,680起　🌐 ukishima-garden.com　🅿 20
個(1小時內免費)

浮島花園是一間擁有近60年歷史的兩層樓矮房，店內所使用的蔬菜全部都是來自沖繩本地所產的無農藥、無化學肥料的有機蔬菜。午間菜單中最熱門的就是運用島豆腐、雜穀、蕃茄和大量蔬菜製成的墨西哥飯，不但吃完後身體毫無負擔，更忘了自己是在吃素。

Ball Donut Park 那霸本店

info
⊙那霸市牧志1-1-39
☎098-988-9249
⏰11:00~19:00 ⑤LEMON
SUGAR(檸檬砂糖口味)¥410/8顆 ⓦwww.
balldonutpark.com

Ball Donut Park是由沖繩製粉直營的美味甜甜圈店，球狀的造型看起來相當可愛，店內裝潢充滿都市氣息，不管是牆上的插畫，或是地上的磁磚都非常有特色，怎麼拍照都好看，而熱騰騰的現炸甜甜圈球口味豐富，即便是最基本的砂糖口味，也有著現點現做的外酥內軟，讓人一吃就停不下來。

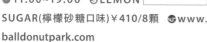

謝花きっぱん店

info
⊙那霸市松尾1-5-14(松尾消
防署通り) ☎098-867-3687
10:00~17:00 ⓧ週日(遇假日營
業) ⑤橘餅¥420/個、冬瓜漬¥500(小袋)、冬瓜
蜜¥700 ⓦwww.jahanakippan.com

說到沖繩傳統點心，最先想到的一定是金楚糕，其實琉球王國時還有橘餅(きっぱん)、冬瓜漬等傳統銘菓，但因為手工繁複，現在只有國際通巷弄內的「謝花橘餅店」才找得到。以砂糖醃漬的冬瓜漬有著濃郁香甜，橘子皮酸甜中略帶一些苦味，不僅吃得到紮實的原料，甜而不膩的滋味更是技藝的傳承。

宮廷限定！以前平民可吃不到

橘餅與冬瓜漬都是大約300年前由中國福州傳入沖繩，當時砂糖十分珍貴，這兩樣用糖漬成的菓子就成為王室或冊封使來訪時品嚐的點心，明治以後一般人才有機會吃到。

食堂faidama ファイダマ

info
🚊單軌電車縣庁前駅、牧志駅徒步約12分 ⊙那
霸市松尾2-12-14 ☎098-953-2616 ⏰
11:00~15:00(定食售光為止) ⓧ週一~三 ⑤
faidama定食¥1,595~ ⓦfaidama.com ℗正
對面有付費停車場，1小時¥300

食堂每天提供魚類、肉類主食搭配豐富蔬菜的定食，而且都會附上精緻的三種蔬食前菜，每一種都吃得到大量的沖繩地產蔬菜，簡單的烹調手法更能夠吃出食材的純粹，讓人就像取自八重山方言「ふぁいだま(faidama)」的店名般，忍不住化身「貪吃鬼」。

那霸市：第一牧志公設市場

波上宮不僅是沖繩總鎮守，神社所在的山崖自古以來還是沖繩人的聖地。

那霸市：波上宮

神社境內，琉球紅瓦和陶製風獅爺流露出沖繩特色，別有一番風情，鄰近的護國寺和孔子廟歷史也都十分悠久，有時間的話不妨順道拜訪。

波上宮
なみのうえぐう／Naminoue Shrine
MAP P.75 B2

　　位於斷崖上的波上宮是琉球八社中最上位的神社，地位之高，從琉球王國時代每年新年國王都會到此參拜就可得知。其實這處斷崖從前就是聖地，人們在此祭拜神靈、祈求風調雨順，相傳神社建於琉球王國時代，詳細年代已不可考，但琉球八社大多與附屬的神宮寺一同建造，故推測波上宮與鄰近的護國寺皆為1368年創建，神社曾在二戰時燒毀，現在的本殿是戰後重建而成。

至少預留時間
神社參拜
1小時
搭配海灘玩耍
半天

沖繩都市單軌電車【県庁前駅】沿久米大通徒步約15分，或由國際通搭乘計程車約10分

掃地圖

Do You Know
波上宮沒有參拜鈴！

大家都知道前往日本神社參拜時，需要在投下香油錢後，輕輕拉繩搖鈴，帶有通知神明有人來參拜了的涵義，但是位於沖繩的波上宮則是少數沒有鈴的神社。至於有無參拜鈴的差別，有一說是大部分設有參拜鈴的神社為「庶民」等級的神社，而沒有參拜鈴的則是在過去「社格」較高的神社。

造訪波上宮理由

1 沖繩最有人氣的宗教聖地

2 聳立在懸崖上的神社，與蔚藍海洋、雪白沙灘構成美景

3 本島看不到的沖繩風建築

波上宮小檔案

主祭神：伊奘冉尊、速玉男尊、事解男尊
本殿形式：流造
社格：琉球八社、官幣小社、別表神社
創建年代：不詳
例祭：5月17日

波上宮的由來

據傳沖繩人的祖先相信在海的另一端有龍宮的存在（海人の国ニライカナイ），因此便在海岸邊的懸崖上舉辦祭典，以祈求神明保佑漁獲豐收、航行平安，而當時舉行祭典的聖地，便是現今波上宮的所在之處。

琉球八社

「琉球八社」是指興建於琉球王國時代的八座神社，除了波上宮，還有普天滿宮、識名宮、天久宮、安里八幡宮、沖宮、末吉宮、金武宮。但因為琉球八社帶有沖繩傳統的御嶽信仰，與日本神道教牴觸，波上宮以外的其他七社都沒有社格，日本政府不提供維護經費，故除了波上宮與普天滿宮，其他六社大多破敗。

有此一說～

在沖繩也有一個流傳已久的故事，據說許久以前有為來自南風原村崎山的一位士族在海岸上撿到一塊靈石後，受到熊野大神鎮守國家社稷的託囑，因此向王朝上奏後，便在此處建了一座神社，而這也是波上宮的前身。

據說因為新年參拜人潮太多，才特地在鳥居下設置燈號，紅燈就代表人潮過多。

想拍到波上宮全貌，可以到波之上臨港道路的人行步道取景，記得注意安全。

怎麼玩波上宮才聰明？

特色御守

建立在海邊的波上宮自古以來以保佑航行安全、祈求漁獲豐收，受到當地人的尊崇。參拜完神社，不妨買個波上宮最有名的交通安全御守，讓整趟旅行平安順利。另外，也十分推薦波上宮特有的紅型守喔。

求御神籤

來到沖繩第一大神社，怎能不求支籤呢？波上宮的御神籤價格為100日圓，籤文內容除了日文外，還有「台灣語」也就是中文的選擇，相當貼心。如果不幸抽到壞籤也別灰心，記得綁在神社境內，讓神明幫你消災解厄～

鄰近漁市吃海鮮

沿海邊徒步20分鐘左右，就可以來到大名鼎鼎的泊港漁市，這裡販售各式新鮮漁獲，要吃生魚片、握壽司、海鮮丼通通有，且漁市早上6點就開始營業，也可以先來這裡吃早餐，再去波上宮喔！詳細店家資訊請見P.076

神社參拜的禮儀

1 進入神社 鳥居是人世與神域的界線，因此踏入鳥居前須先一鞠躬行禮，進入神域後記得要走在參道左右兩端，因為既然來到了神的居所，道路正中間當然是「神明走的路」，凡夫俗子怎麼能與神靈爭道呢。

2 洗手 別急急忙忙地衝到拜殿，參拜之前記得先到手水舍洗手、漱口，洗去穢氣，顯示對神明的敬意。洗手順序為：左→右→口→左，步驟如下：

Ⓐ拿起水杓，舀起一杓水。這一杓水就要做完以下全部步驟。

Ⓑ先洗左手再洗右手。

Ⓒ用左手掌心接水，漱口，再清洗左手，代表身心全都經過清水洗濯。

Ⓓ將杓子立起，沖淨手柄後放回，並擦乾雙手。

3 參拜 走到神前時先鞠躬一次，接著投硬幣入賽錢箱，搖動鈴鐺再開始參拜。參拜時的基本口訣為「二拜、二拍手、一拜」，也就是先鞠躬兩次，合掌於胸前、拍兩次手，向神明述說願望，接著再敬禮一次，就完成參拜儀式了。

要投多少錢？
基本上香油錢的金額沒有硬性規定，投千円紙鈔的信徒大有人在，但多數人會選擇吉祥的數字，最常見的是5円與「ご(緣分)」的讀音相同，11円則有「良好」的意思，50円(御足緣)也是不錯的選擇，但切記不要投10円(遠緣)，代表跟神明緣分遠離喔！

波上宮一日行程怎麼排？串聯這些點就對了！

MAP P.75 B2 波之上海灘

如何前往
由單軌電車縣庁前駅沿久米大通徒步約15分，或由國際通搭乘計程車約10分。

info
⌂ 那霸市若狭1
☎ 098-868-4887（那霸市觀光協會）
◔ 開放期間為4～10月，游泳時間9:00~18:00，7、8月延長至19:00
$ 游泳免費，沖洗3分¥100
Ⓟ 波之上綠地、若狭海濱公園停車場約390個(前30分免費)。
國 33 155 840*25(波之上海灘·公園管理事務所)、33 185 058*85(波之上海灘若狭側)
❀ www.naminouebeach.jp

波之上海灘是那霸市內唯一的海灘；約700公尺長的沙灘上，純白細沙，清澈海水和戲水曬太陽的人們，使得這兒洋溢著悠閒的渡假風情，寄物、沖洗、更衣等相關設施也都十分完備。

就算沒有自駕或到市區以外的打算，也可以在這裡享受沖繩的大海與沙灘

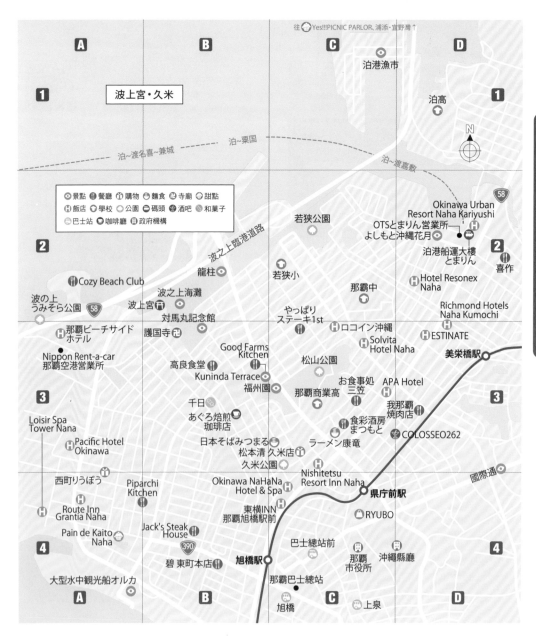

往 ◯Yes!!!PICNIC PARLOR、浦添・宜野灣↑

A **B** **C** **D**

泊港漁市

1 波上宮・久米 泊高 **1**

泊~渡名喜~兼城 泊~粟国

泊~渡嘉敷

N

◎景點 ⑪餐廳 ⑪購物 ⑪麵食 卍寺廟 ⊕甜點
Ⓗ飯店 ⑪學校 ○公園 ⚓碼頭 酒酒吧 ⑪和菓子
⑪巴士站 ⑪咖啡廳 ⑪政府機構

若狭公園

波之上臨港道路 Okinawa Urban
Resort Naha Kariyushi
OTSとまりん営業所
よしもと沖縄花月
泊港船運大樓
とまりん
2 龍柱 若狭小 **2**
Ⓗ Cozy Beach Club 那覇中 喜作
波の上 波之上海灘 Hotel Resonex
うみそら公園 58 波上宮 Naha
那覇ビーチサイド 対馬丸記念館 やっぱり Richmond Hotels
ホテル 護国寺 ステーキ1st Naha Kumochi
ロコイン沖縄
Nippon Rent-a-car Good Farms Solvita ⒽESTINATE
那覇空港営業所 Kitchen 松山公園 Hotel Naha
3 高良食堂 お食事処 美栄橋駅 **3**
Kuninda Terrace 那覇商業高 三笠 APA Hotel
福州園 我那覇
Loisir Spa 千日 食彩酒房 焼肉店
Tower Nana あぐろ焙煎 まつもと
珈琲店 ラーメン康竜 COLOSSEO262
Pacific Hotel 日本そばみつまる
Okinawa 松本清 久米店 國際通
西町りうぼう 久米公園
Piparchi Nishitetsu
Kitchen Okinawa NaHaNa Resort Inn Naha
Hotel & Spa 県庁前駅
Route Inn 東横INN
Grantia Naha 那覇旭橋駅前 RYUBO
Pain de Kaito Jack's Steak **4**
4 Naha House 巴士總站前 沖縄縣廳
390 那覇
碧 東町本店 市役所
大型水中観光船オルカ 旭橋駅 那覇巴士總站

A **B** 旭橋 **C** 上泉 **D**

遊覽福州園，頗有一種時空錯置的意趣。

MAP P.75 C3 **福州園**

如何前往
單軌電車県庁前駅徒步約10分

info

掃地圖

🏠那霸市久米2-29-19　☎098-943-6078　⏰白天9:00~18:00、晚上18:00~21:00　🈲週三(週假日順延)　💰大人白天￥200、晚上￥300。小孩(中學以下)白天￥100、晚上￥150　🌐www.fksn-okinawa.jp　🅿有專用停車場

　　福州園落成於1992年，當初是為了紀念那霸建市70周年，以及與中國福州市成為姊妹市10周年而建。仿造福州當地園林，福州園擁有中式庭園的假山水、飛瀑，還有精細的雕欄，以及向上翹起的屋簷飛角，無一不是正統中國庭園的景觀，園內還種有沖繩少有的梅花樹，充滿濃濃中國風情。

╲╲泊いゆまち╱╱

　　到那霸遊玩要是想品嚐超值的海鮮，那麼不妨走一趟泊港漁市。漁市雖然只有一層樓，但裡面有24家店鋪，逛逛市場，除了可以看到顏色鮮豔的各式魚貨，也有許多販售熟食小吃、生魚片、握壽司的店鋪。魚市裡只設有幾處桌椅，並沒有專門的餐飲區，不妨享受一番立食趣味，或是就外帶到車上大快朵頤吧。

🚗那霸IC開車約10分；單軌電車美栄橋駅徒步約25分　🏠那霸市港町1-1-18　☎098-868-1096　⏰6:00~17:00　🌐www.tomariiyumachi.com　🅿免費

掃地圖

🗺33 216 085

沖繩方言中「いゆ」是指「魚」、「まち」則是市場

DO YOU KNOW

沖繩鮪魚產量是日本第三！

　　來到魚市會發現大半商品都是鮪魚，這是因為沖繩其實是鮪魚的產地。鮪魚不僅佔了沖繩一半的漁獲量，在全日本之中也是第三名，幾乎全年都有當季的鮪魚，4~7月的黑鮪魚、黃鰭鮪，還有8~3月的大目鮪、11~4月的長鰭鮪魚，也因此可以用實惠價格品嚐到新鮮鮪魚，喜歡鮪魚的話可別錯過。

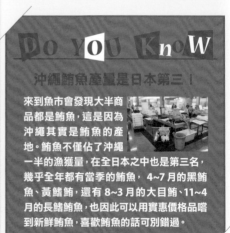

丼すし まぐろや本舖

まぐろや本舖是泊港魚市裡唯一一家食堂,魚市裡也有店家販賣鮮魚的攤位,食堂則提供各式鮪魚丼飯,基本的鮪魚丼以外,能夠一次品嚐鮪魚赤身、中落ち、ねぎとろ(蔥花鮪魚)的鮪魚三色丼最受歡迎,若是一早就到,還可以品嚐較為小巧的朝丼,簡單的鮪魚茶泡飯,或是加入烏賊、生雞蛋、特調海鮮醬油的海鮮卵かけご飯,都是早餐時的最佳選擇。

⏰朝丼6:00~11:00,一般餐點11:00~16:00 ㊡週一
💲朝丼¥380起、鮪魚三色丼¥1000

鮪魚用語小百科

想要大啖鮪魚,當然要先弄懂相關用語。一頭鮪魚可以簡單分為魚背的瘦肉(赤身)、魚腹的肥肉(トロ)兩大部分,又可細分為上中下部位(靠近下巴部分為上),以下是常見的用語,可以參考看看。

まぐろma-gu-ro:鮪魚
赤身aka-mi:背部的瘦肉,色澤紅潤
トロto-ro:鮪魚肚、鮪魚腹肉,帶有白色油脂
大トロo-to-ro:脂肪最多的部位,位於腹上與腹中之間
中トロcyu-to-ro:腹中及接近尾巴的腹下部分,油脂恰好
かまka-ma:鮪魚下巴
中落ちnaka-o-chi:骨頭附近的肉
腦天nou-ten:頭部的肉,十分稀少

三高水產

在主打鮪魚的各家水產之中,主要販賣章魚的三高水產顯得與眾不同,攤位上可以看到大量處理好的水煮章魚,鮮紅色澤引人食慾,觀光客也不用擔心無法品嚐,因為三高水產也是熟食最多的一家店舖。蟹腳、烤蝦、扇貝、蒲燒鰻等熟食,通通只要用銅板價就可以品嚐!

💲¥150~500,依商品而異

坂下水產

必備的鮪魚、生魚片之外,坂下水產還提供生蠔、扇貝與烤龍蝦。一顆顆碩大的生蠔讓人垂涎欲滴,新鮮的生蠔淋上檸檬汁與醬油稍加調味,就是讓人讚嘆的美味,抹上海膽的烤龍蝦也是一絕,還有加上起司的焗烤扇貝,新鮮多汁的扇貝搭上濃郁起司,也是讓人忍不住再來一串的小吃。

💲生蠔¥300/顆、焗烤扇貝¥300、烤龍蝦半隻¥2000

首里城周邊文化巡禮

儘管首里城慘遭祝融，但周邊還有人氣茶房、三處世界遺產及充滿氣氛的金城町石疊道，共同描繪出此區的歷史氣息，不妨跟著MOOK的腳步，來一趟別具風味的文化巡禮！

地圖標示：
- ◎景點 ⑪餐廳 ⑪購物 ⑪麵食 ⑪甜點 ⑪和菓子
- ⑪飯店 ⑪學校 ⑪公園 ⑪政府機構 ⑪巴士站 ⑪郵局

↑往 未吉宮
儀保駅
A　　B　　首里城周邊
琉球新麵 通堂
首里郵局
儀保饅頭
TSUTAYA
あやぐ食堂
cafe Sui
山城饅頭
DoubleTree by Hilton Hotel Naha Shuri Castle
楽茶陶房 ちゅらら
知念製菓 当蔵店
龍潭
FM
首里石鹸
首里中
沖繩縣立藝術大
首里公民館
琉球茶房 あしびうなぁ
首里駅
弁財天堂、円鑑池
圓覺寺跡
首里城前
守禮門
玉陵
首里城公園
首里杜館
首里そば
首里公園南口
石疊入口
金城村屋
金城石疊道
あじとや 首里城店
瑞泉酒造
金城町大茄苳樹群
首里城
泡盛館
金城二
石疊前
↓往 識名園
N

あじとや 首里城店

有著橘色外觀的這家湯咖哩店，不僅是外觀，就連店內也都擁有飽滿的色彩，明豔的裝潢讓人心情愉悦。其實這裡的店主山崎先生是北海道人，曾在北海道、東北的餐廳工作，研發了不少湯咖哩口味，來到沖繩後，則是運用沖繩產的薑黃等6種有機香料，搭配從斯里蘭卡的辛香料、沖繩道地的黑糖與縣產蔬菜，調配出口味獨特的湯咖哩。因此這裡的湯咖哩不僅吃得到咖哩的美味，還能嚐到沖繩特有的滋味呢。

掃地圖

ⓟP.78B2 ⓢ單軌電車首里駅徒步約15分 ⓐ那霸市首里崎山町1-37-3 ☎098-955-5706 ⓞ11:00~15:00(L.O.)、週五、六、日、節日17:30~20:00(L.O.) ⓢやわらかチキンカレー(嫩雞肉湯咖哩)￥1,000 ⓦajitoya.net/ ⓟ有 囲33 161 348*40

首里城公園

首里城公園在2000年登錄為世界遺產，範圍從首里杜館算起，包括守禮門、歡會門、瑞泉門、正殿及御庭一帶以及西側的展望台、京之內等，是琉球王國的政治經濟中心，也是過去王族居住生活的地方。

🚃P.79 🚊單軌電車首里駅徒步約18分可達守禮門、搭計程車約5分，或搭乘7、8號巴士至「首里城前」站下車徒步就可抵達守禮門。 🏯那霸市首里金城町1-2 ☎098-886-2020(首里城公園管理中心) 🕐免費區域8:30~18:00，收費區域9:00~17:30(售票至閉館30分前) 💴收費區域內大人¥400、高中生¥300、中小學生¥160(持當日使用之單軌電車一日券、二日券可享購票優惠)；外園免費參觀 ⊗7月第一個週三及隔日 🌐oki-park.jp/shurijo/ 🅿️首里杜館地下停車場目前不開放使用，請搭乘大眾交通工具前往 ❗正殿等周邊側殿燒毀整建中，開放工事外之內廷參觀，目前門票費減半。 🗺33 161 526*71

首里城曾被燒毀4次，2019年10月再度慘遭祝融，目前正殿、北殿、南殿等收費區域封閉，其他都可以免費參觀。

掃地圖

園覺寺總門與放生橋 ⊙
←往龍潭通
弁財天堂 ⊙
圓鑑池 ⊙
園比屋武御嶽石門 ⊙
龍潭 ⊙
守禮門 ⊙
總合案內所 ⊙
首里杜館 ⊙
一般停車場 🅿️
首里公園管理中心 ⊙
玉陵 ⊙
↓往⊙識名園

正殿 / 南殿、番所
北殿 / 御庭
萬國津梁之鐘 / 奉神門
漏刻門 / 下之御庭
瑞泉門 / 書院、鎖之間與庭園
龍樋 / 首里森御嶽
歡會門 / 西面展望台
木曳門

⊙景點 🅿️停車場

🅿️巴士停車場
往金城石疊道→

首里城公園

位於奉神門前的首里森御嶽則是地位最高的七御嶽之一：根據琉球神話，這裡是由開闢沖繩群島的神祇親自開創的。

西面展望台可以眺望城外繁榮的那霸市區、綿延的石牆以及城內風景，高度約130公尺，是首里城視野最好的地方。

守禮門左側的園比屋武御嶽石門被登錄為世界遺產，以琉球石灰岩構成，這裡過去是歷代國王遠行時祈求平安的拜所，現在仍會見到本地人來此祭拜的身影。

瑞泉門旁有著龍頭造型的湧泉「龍樋」，是過去的宮廷用水，龍型出水處來自500年前的中國，也是唯一數度逃過戰火，從建城時代留存至今的雕刻品。

玉陵

玉陵為琉球國王的陵墓,建於1501年,第二尚氏的諸位國王、皇族與王妃均長眠於此,從玉陵的結構、建築形式和陵內遺物,可以窺見琉球王朝的死後世界。目前開放參觀的部份為玉陵外觀和展示室。

⊙P.78A2 ⊙單軌電車首里駅、儀保駅徒步約15分;巴士「首里城公園入口」站徒步約5分、「首里城前」站徒步約3分。 ⊙那霸市首里金城町1-3 ☎098-885-2861 ⊙9:00~18:00(入場至17:30) ⊙大人￥300、小孩￥150 ⓟ無 ⊞33 160 659*15

靜好的街道風景,並入選為「日本道路百選」之一。曾吸引日劇來此取景,

金城町石疊道

建於15世紀的金城町石疊道,是連接首里城和南部地方通路「真珠道」的一小段。琉球石灰岩舖成的斜坡蜿蜒而下,一路上只有錯落的民家、爬滿綠藤的牆垣和眼下的市街。

掃地圖

⊙P.78A2 ⊙由首里城沿著石疊道往下行走可達;最近的單軌電車站為儀保駅徒步約13分、首里駅徒步約20分。可從巴士「石疊前」站、「石疊入口」站前往。 ⊙那霸市首里金城町 ☎098-917-3501(那霸市文化財課) ⓟ無 ⊞33 161 246*82

識名園

世界遺產識名園建於17世紀末,是琉球國王修生養息與接待外國使臣的別邸。建築結合了日本的池泉回遊式庭園、中國的六角堂、石拱橋以及沖繩建材石灰岩,展現琉球王朝的獨特風格。

掃地圖

⊙搭乘那霸市內巴士2、3或5號於「識名園前」站下車,徒步約5分。 ⊙那霸市真地421-7 ☎098-855-5936 ⊙4~9月9:00~18:00、10~3月9:00~17:30(入館至閉館前30分) ⊗週三(遇假日、慰靈之日順延一天) ⊙大人￥400、國中生以下￥200 ⓟ約60個 ⊞33 131 090*25

庭園在二戰遭受破壞後,耗時20年重建,漫步其間,可感受到四季更迭的園林之美。

那霸市：首里城周邊文化巡禮

©0000

湛藍大海包圍下戰地與自然美景並立

本島南部
Southern Okinawa

那霸機場 ✈ 　那霸市

瀨長島 •

本島
南部

知念岬 •

• 王國村・玉泉洞

姬百合之塔 •
　　　　　• 平和祈念公園
喜屋武岬 •

本島南部主要由琉球石灰岩及泥岩組成，擁有許多大自然鬼斧神鑿的鐘乳石洞，最有名的就是玉泉洞。南部地區同時也是二次大戰時受創最慘重的地區，因此這裡的戰爭紀念物特別多，也為這個地區蒙上淡淡的哀愁。幸好沖繩人是樂觀的，大海所引導的寬闊胸襟等著旅人體驗，南國海灘新原海灘、以海為舞台背景的咖啡廳等，也絕對值得一探。

白色的階梯式建築與藍天白雲相襯，
濃濃度假風情吸引遊人造訪。

純白色的商場建築搭配上特有的藍天白雲海島風光，讓瀨長島有了「沖繩小希臘」與「沖繩地中海」等稱號。

本島南部：瀨長島

MAP
P.85
A1

瀨長島
せながじま／Senagajima

坐落於那霸機場南方1.5公里處的瀨長島，是近年十分熱門的景點之一。於2015年開幕的Umikaji Terrace以純白建築為主體，聚集了手工藝品、陶器、餐飲、甜點等店舖，各有特色的小店固然吸引人，更讓人驚豔的是整個空間與氛圍。順著坡度興建的店面於緩坡上開展，階梯、躺椅、綠樹、遮陽傘，與蔚海藍天共構成清爽的海島風光，夕陽西下的魔幻時刻更是美麗，閒適美好的氛圍讓人憧憬。

日落後的瀨長島陸續點燈，繽紛柔和的燈光配上希臘風建築，別有一番風味。

一邊浸泡在露天溫泉之中，一邊欣賞廣闊海景，奢侈的享受讓人讚嘆。

至少預留時間
拍照吃美食
2小時
徹底享受瀨長島風情
半天~一天

從豐見城IC開車約6公里；可從單軌電車【赤嶺駅】南口搭乘接駁車前往，車程約15分，費用為350日圓。

掃地圖

造訪瀨長島理由

1 距離那霸機場僅15分鐘車程

2 地中海風格海景度假勝地

3 新興IG打卡景點

©WBF Resort沖繩株式会社

👉 有此一說～

龍神與神明的住所

從前瀨長島被視為龍神與其他神明居住的聖地，也被稱之為「神之島」。島上也有座龍宮神社，據說是在瀨長島觀光開發前，請示當地神明後為祈求平安於2012年所建，現在也成為瀨長島的必訪景點。

DO YOU KnoW

瀨長島是求子聖地！

瀨長島西南側海岸旁，有一個數公尺之高的「子寶岩」，這塊巨石被視為是求子聖地，許多人慕名而來到此求子或是祈求順產。據傳只要將石子投進子寶岩上方的小洞，就會生下男孩，如果投進下方的小洞，則會生下女孩喔！不過，原先經海浪侵蝕所形成的子寶岩已消失，現在大家所看到的是近代再製的成果。

怎麼玩瀨長島才聰明？

機場接駁車

如果沒有租車，也可以直接從那霸機場1號公車站牌搭乘接駁車，車資僅需￥250，兒童半價，而住在琉球溫泉瀨長島飯店的旅客，則可持收據至飯店櫃檯退款。

瀨長島47 Store

編號1號的「瀨長島 47 Store」位在瀨長島Umikaji Terrace角落，精選了日本47都道府縣的各式人氣商品，從沖繩黑糖、靜岡抹茶到青森蘋果，甚至還有北海道牡丹蝦、毛蟹鮭魚等海鮮可供選購。

住上一晚

想好好感受小島的悠閒，瀨長島飯店就是最佳選擇。座落高處，瀨長島飯店將島上的美麗風光盡收眼底，從飯店餐廳「風庭」就可以欣賞到西海岸的海洋風景，天氣好時還可以選擇坐在泳池旁的位子，愜意享受沁涼海風與美味餐點。

島上餐廳、咖啡館選擇多元，許多名店紛紛在此開設分店，可盡情享受美食時光。

沖繩そば もとぶ熟成麵
麵食

must eat!
香蔥沖繩麵
¥900
V3沖繩麵
¥950
推薦菜

🏠 瀬長島Umikaji Terrace No.9

2013年，沖繩そば1號店於沖繩本部町開張，特有的もとぶ熟成麵以二階段熟成工法製成，製作需耗費兩天工時，相較一般麵條更加Q軟、有嚼勁，因而獲得饕客一致好評。挾帶高人氣與評價，2015年時在瀬長島Umikaji Terrace開設了唯一的分店，店家以香蔥沖繩麵（香ネギそば）最為有名，如果喜歡香濃蔥味的麵食，就絕對不能錯過這道傳統沖繩麵。

掃地圖

☎098-987-4554 ⏰11:00～21:00(L.O.20:30)

Taco rice cafe Kijimuna
塔可飯

must eat!
蛋包塔可飯
¥850(未稅)
推薦菜

🏠 瀬長島Umikaji Terrace No.28

沖繩美國村最有名的Taco rice cafe Kijimuna，現在在瀬長島也可以享用囉！Taco rice是由墨西哥傳統料理Taco改良而來，結合Taco原有的辣醬、脆片、番茄、生菜及起司，酸甜中帶辛辣的口感，讓Taco rice成為沖繩的人氣美食，另外更有加上香滑歐姆蛋「蛋包塔可飯（オムタコ）」，也是本店的王牌餐點。

掃地圖

☎098-851-3023 ⏰10:00~21:00(L.O.20:30) 休年中無休 🌐www.omutaco.com

幸せのパンケーキ
甜點

must eat!
幸せのパンケーキ
（幸福鬆餅）
¥1,380
推薦菜

🏠 瀬長島Umikaji Terrace No.32

幸せのパンケーキ是日本赫赫有名的甜點店，店家提供的鬆餅鬆軟綿密，嚐起來宛如雲朵融化於口，帶給人充滿「幸福」的口感。除了基本款的「幸せのパンケーキ」，亦可搭配季節蔬果、濃厚起司等不同配料，品嚐鬆餅的不同風味。

掃地圖

不僅可以品嚐到超人氣的綿軟鬆餅，還可以看到美味鬆餅的製作過程。

☎098-851-0009 ⏰11:00~20:00 (L.O.19:15)，週末及例假日11:00~20:30 (L.O.19:40) 休不定休 🌐magia.tokyo/shop

延伸景點

離開瀨長島繼續往南前進,購物、海景咖啡、歷史文化體驗等著旅人到訪。

這裡可是沖繩唯一的outlet!

🛍 **MAP P.85 A1** **Outlet Mall Ashibinaa**

距離機場約18分鐘車程的Outlet Mall Ashibinaa,建築設計融合古希臘與現代風格,園區內集結了GUCCI、Marc Jacobs、Vivienne Westwood、GAP Outlet、ABC-MART等100個以上的精彩品牌與種類多樣的美食餐廳,買個過癮後,還可以搭乘巴士直達機場,非常方便。

🚌 從那霸機場國內線航廈4號乘車處搭乘那霸巴士95號直達,10:00~20:25每小時一班,車程約18分,車資¥250;或從那霸巴士總站搭乘開往「豊崎道の駅」站的55、56、98、256號琉球巴士,約30分至「アウトレットモール前」站下車即達,車資¥420。 🏠豊見城市豊崎1-188 ☎098-891-6000 ◷10:00~20:00 🌐www.ashibinaa.com ℗約1000個,免費。 🗺232 544 452*22

掃地圖

瀨長島周邊

本島南部:瀨長島

👁 **MAP P.85 A2** **美らSUNビーチ**

位在豊崎海濱公園之內,美らSUNビーチ擁有全長達700公尺的廣闊沙灘,是沖繩縣內最大的人工沙灘,可以盡情享受沖繩大海的蔚藍涼爽。沖洗室、更衣室、置物櫃等設施也十分齊全,水上活動以外,事先預約的話還可以玩沙灘排球、足球等活動,境內的「ニイニイの丘」還是電影《淚光閃閃》的外景地喔。

🚌豊見城IC開車約7公里,巴士路線同Outlet,在「道の駅豊崎」下車徒步8分 🏠豊見城市豊崎5-1 ☎098-850-1139 ◷4~10月9:00~18:00及7、8月9:00~19:00開放游泳 ℗1小時¥200,1日¥500 🗺232 542 328*67

掃地圖

這裡也可以看到飛機從上方呼嘯而過的畫面,航空迷別錯過囉!

Resort café KAI就像是被澄空、白雲和太平洋藍海所環抱的仙境。

MAP P.85 A1　Resort café KAI

同樣坐落於豐崎海濱公園內，店內裝飾華麗，巨型水晶吊燈及原木陳設為整間店渲染上高貴和優雅，咖啡館緊鄰崎美らSUNビーチ，可以從咖啡館內欣賞沙灘海景，坐在咖啡館外，更能在夕陽西下時飽覽絕美的白沙夕景，讓露天座位區形成另一種美麗風情。

🚗從那霸機場開車約7公里　🏠豐見城市字豐崎5-1 豐崎美らSUNビーチ內　☎098-840-6333　🕙11:00~18:00(L.O.17:00)　🈺週三　🍴Pizza￥980、tacos rice￥850　🗺232 542 269*22

👁 MAP P.85 B3　姬百合之塔・姬百合和平祈念資料館

二戰期間，十多歲的女學生連教師共240人組成姬百合學生隊，投入後勤醫護工作，她們一路隨軍隊遷移到狀況奇差的南部戰壕裡，最後有227人喪生戰火之中。姬百合之塔的所在地，就是學生們最後所在的戰壕，一旁設立的紀念館內展出當年學生的照片、日記、遺物等，令參觀者深刻感受所謂戰爭。

🚗豐見城・名嘉地IC開車約13公里；從那霸巴士總站搭乘巴士89號約30分至「糸滿バスターミナル」站下車後，轉搭82、107、108號約15分至「ひめゆりの塔前」站下車。　🏠糸滿市字伊原671-1　☎098-997-2100　🕙資料館9:00~17:25(入館至17:00)　💰資料館大人￥450、高中生￥250、中小學生￥150；6/23(慰靈日)免費入館。　www.himeyuri.or.jp　🅿100個　🗺232 338 091*47

👁 MAP P.85 A3　琉球ガラス村

結合工房、美術館、餐廳和商店等設施，都圍繞著同樣的主題——玻璃，各種顏色的玻璃杯、碗、器皿等，彷彿留住了沖繩大海、艷陽、綠意的清透光影。工房裡可以看見職人們的工作實況，有興趣的話也能動手體驗。

🚗豐見城・名嘉地IC開車約11公里；從那霸巴士總站搭乘巴士89號至「糸滿バスターミナル」站下車，轉搭82、108號至「波平入り口」站徒步約1分。　🏠糸滿市字福地169　☎098-997-4784　🕙10:00~17:30，餐廳11:00~17:00(L.O.16:00)　💰免費入場；手作玻璃體驗￥1870起　www.ryukyu-glass.co.jp　🅿60個，免費　🗺232 336 227　❗全部體驗現場報名即可，手作約40分鐘、玻璃吹製10分鐘。玻璃吹製每日2場，成品因需時間冷卻，3天後才可現場取成品

美術館展示沖繩當地的玻璃藝品，以及古時的琉球玻璃製品。

這段故事曾數度改編成小說和電影，在日本相當知名。

距離機場僅30分鐘車程的人氣主題樂園，一次體驗琉球風情和自然奇景。

造訪沖繩世界
文化王國・玉泉洞理由

① 沖繩代表性主題樂園

② 神秘壯麗的鐘乳石奇景

③ 日本唯一毒蛇博物公園

玉泉洞內除了天然的鐘乳石奇景外，更搭配了各式燈光效果，讓旅客能夠欣賞千變萬化的洞穴樣貌，被譽為是東洋第一的鐘乳石洞。

本島南部：沖繩世界文化王國・玉泉洞

MAP
P.90
A2

沖繩世界文化王國・玉泉洞
おきなわワールド・ぎょくせんどう／Okinawa World

至少預留時間
王國村・玉泉洞
2小時
暢玩整個園區
半天以上

沖繩世界文化王國・玉泉洞號稱是超大型的琉球文化體驗營，園內包括全長5公里(開放路段共890公尺)、充滿神秘氣氛的鐘乳石洞──玉泉洞；原汁原味的重現琉球王朝時代巷弄風貌的王國村，體驗或欣賞紅型、機織、藍染、琉球玻璃等各種琉球傳統工藝；以及日本唯一的毒蛇博物公園，適合大人小孩一同玩樂。

☎098-949-7421 　📍南城市玉城字前川1336
🕐9:00~17:30(售票至16:00)
💲全區通票(玉泉洞・王國村・蝮蛇博物公園)：大人￥2,000、小孩￥1,000
🌐https://www.gyokusendo.co.jp/okinawaworld/tc/
📠232 495 330*28
🅿400個

那霸機場開車約19公里、南風原南IC開車約7公里；巴士「玉泉洞前」站下車徒步即達。

掃地圖

DO YOU KNOW

玉泉洞鐘乳石生長速度超驚人！

一般的鐘乳石年增長率為 0.13 毫米，但沖繩高溫多雨的濕熱氣候，大大加快玉泉洞鐘乳石的形成速度，因此每 3 年就可以長出 1 毫米。此外，擁有 100 萬株鐘乳石的玉泉洞，還是日本第二大鐘乳石洞窟。

鐘乳石如何形成？

鐘乳石是由降雨後，水氣吸收空氣與土壤中的二氧化碳並滲入石灰岩地形，而過程中含有二氧化碳的水分會溶解石灰岩中的碳酸鈣，當水從洞頂上滴下時，隨著水分蒸發、二氧化碳被去除，剩餘的碳酸鈣固化便是所謂的鐘乳石。

本島南部：沖繩世界文化王國・玉泉洞

玉泉洞長年溫度維持在 21～24 度，怕冷的人記得多帶一件外套，以備不時之需。

不僅有鐘乳石洞地形，還有工藝、表演等各式各樣的沖繩傳統體驗。

怎麼玩沖繩世界文化王國・玉泉洞才聰明？

王國村

全區域內的古代民家建築皆被國家指定登錄為有形文化財，而這每一間紅瓦建築都是超過百年歷史的古宅，讓人悠遊在古色古香的街道，就彷彿置身於百年前的琉球。此外，在紅瓦古宅內也有許多體驗式課程供遊客參加，絕對讓您不虛此行。

毒蛇表演秀

毒蛇博物館公園內展示了世界各種活體毒蛇、爬蟲類以及相關文獻資料，每天共有3次的毒蛇與貓鼬表演秀，在毒蛇秀中，工作人員會使用活體的波布毒蛇與眼鏡蛇向觀眾介紹其特性與危險性，觀眾也能夠和無毒性的大蟒蛇進行合照。

玉泉洞

玉泉洞1967年3月在愛媛大學學術探險調查隊的發掘下揭開全貌，全長約為5千公尺，內有超過100萬株的鐘乳石，不過目前僅開放890公尺供旅客參觀，剩餘的4千多公尺仍在探索研究中。

夏季限定的南之島洞窟探險

如果想要深入瞭解未知的玉泉洞，則可以於每年夏季報名探險隊，在專業人士的帶領下，進入未開放區域一探究竟，體驗歷經30萬年形成的歷史洞穴。幸運的話，還能看到日本國內最大的淡水蝦和大鰻魚呢！

文化王國的獅面掛可以說是最簡單的陶藝體驗，因為連獅面的模型都替你做好了，如果時間不多，又只是想碰碰陶土，這樣的選擇就不錯，但如果想做出真正具有自己創意的作品，體驗前建議先問清楚，基本上可以用所需時間作為判斷。還有一點便是，通常體驗中心對外國觀光客比較少有郵寄服務，所以做完的成品就請自行決定要不要帶走吧！

◆約10分　💲￥2000

獅面掛製作STEPS

Step01
把工作人員秤好的陶土團揉一揉，捏一捏，揉成圓球後打扁。

Step02
把陶土餅放在石膏模型上，用力壓，讓陶土深入模型的每一個縫隙。

Step03
刮去邊上多餘、不需要的陶土，你會發現剩下的陶土會慢慢、自動地和石膏模分開。

Step04
集中剛剛刮除的陶土揉成圓球後，黏上獅面掛的背面，即可輕鬆地把獅面掛和模型分開。

Step05
用水和手指頭磨平細紋和裂縫，接著用竹籤頭除掉多餘的土、修邊，以刀子沿著牙齒、舌頭邊緣切掉獅面掛口中的土。然後在突出的眼部壓出兩個洞做眼睛，用竹籤在兩側耳朵開洞，以便可以穿繩懸掛，也可以做眉毛或其他配件和表情。

DO YOU KNOW

沖繩有2個過年？！

沖繩部分地區由於長期受到其他亞洲文化與中華文化影響，像是系滿市、栗國島以及有「神之島」之稱的久高島等沖繩南部地區，則是發展出「一年過兩次年」的習俗，雖然也會度過國曆新年，但不論是家族團圓或是發紅包等重要環節，都是和台灣一樣，在農曆的新年喔！

Step06
做好以後要先風乾兩天，再進爐燒，作品即大功告成。

逛完樂園還意猶未盡？洞窟喝咖啡、宗教聖域等等，南部地區還有這些特殊景點喲～

MAP
P.90
A2
◎ ガンガラーの谷

右側直書文字：
山谷內最有名的就是入口處的巨大榕樹，垂下的氣根充滿氣勢，陽光灑落時更瀰漫出一股神聖氣息。

數十萬年前的鐘乳石洞崩解之後，植物扎根成長，形成了今日原始亞熱帶森林風貌的Gangala之谷。想一探古老的神秘世界，只有參加導覽行程才能進入其中，可以跟著導覽員尋訪山谷，而且會免費提供中英韓語的導覽機，就算不懂日文也可以看懂門道。

坐在由數十萬年前的鐘乳洞塌落而形成的洞穴之中，品味以風化珊瑚烘培咖啡製成的35 coffee。

🚗那霸機場開車約19公里、南風原南IC開車約6公里，或於旭橋的「上泉巴士」站搭乘54、83號的琉球巴士，於「玉泉洞前」站下車徒步2分。 ⛩南城市玉城字前川202 ☎098-948-4192 ⏰9:00~16:00，9:20起每20分一場導覽，行程約1小時20分 💲導覽大人￥2500、高中及大學生￥1500 🌐www.gangala.com Ⓟ有，免費 📖232 494 476 ❗導覽行程須在參加日前一天17:00前網路預約，當日若仍有名額亦能現場報名(可電洽)。

掃地圖

玉泉洞周邊

東浜シーサー公園
南風原北IC
本部公園
南風原町
南風原南IC
那霸空自動車道
豊見城IC
南城市
あざまサンサンビーチ
(安座sansan海灘)
知念半島
齋場御嶽
沖繩ぜんざいいいやんべぇ
虹亀商店
知念岬公園
ニライカナイ橋
Cafe 風樹
森のテラス
Cafe Kurukuma
Cave café
垣花樋川
Gangala之谷
CAFE 風樹
文化王國・玉泉洞
Cafeやぶさち
玉泉洞前
百名ビーチ(百名海灘)
山の茶屋・楽水
新原海灘
八重瀬町
屋宜家
浜辺の茶屋
中本鮮魚てんぷら店
百名伽藍
奧武島
機織工房しょん

◎景點 🍴餐廳 🛍購物 和菓子
Ⓗ飯店 百貨 公園 巴士站

茶処真壁ちなー
姫百合之塔・姫百合和平祈念資料館
平和祈念公園
健兒之塔

齋場御嶽是世界遺產，更是琉球王國的聖

ニライカナイ橋

ニライカナイ橋為「ニライ橋」與「カナイ橋」的合稱，在沖繩方言中有遙遠的彼方以及神話中的淨土的意思。這座形狀特別、有著超大彎道的大橋垂直高度達80公尺，車子開在上面可望見蔚藍的大海展開在眼前，還可遠眺到久高島，是沖繩南部首屈一指的兜風勝地。

🚗那霸機場開車約24公里、南風原南IC開車約13公里 🏠南城市知念字知念 ☎098-948-4611(南城市觀光協會) 🗺232 593 542*11

掃地圖

過了大橋上方的隧道後，可將車子停在路邊空地，徒步至展望台，眺望大橋與遠方海景。

知念岬公園

位於國小體育館後的知念岬公園，相當適合與齋場御嶽安排在一起順遊，公園內帶些隱密的味道，沿著斜坡往下，大片青藍色的海洋就在眼前，視野相當遼闊。知念岬位於沖繩本島的西南角，天氣晴朗時，左側可以遠遠望見與勝半島，右前方則是當地人視為聖域的久高島。

🚗那霸機場開車約27公里、南風原南IC開車約16公里；巴士「斎場御嶽入口」站徒步約5分。 🏠南城市知念字久手堅 ☎098-948-4611(南城市觀光協會) 🅿50個 🗺232 594 503*30

掃地圖

齋場御嶽

2000年登錄為世界遺產的齋場御嶽，是琉球王國宗教中地位最高的御嶽，也是由神祇親創的七御嶽之一；王國時代，這裡是舉行聞得大君(琉球神道中地位最高的神女)即位儀式及國王祭拜的地方。循參道拾級而上，周圍古木透出綠色光影，由天然巨石圍成的聖域「三庫理」氣氛沉靜，並能遠眺王國的「神之島」——久高島。

🚗那霸機場開車約27公里、南風原北IC開車約16公里，下車後徒步約7分；從那霸巴士總站搭乘39號，在「南城市役所」轉搭A1、A2巴士在「場御嶽入口」站下車徒步10分 🏠南城市知念字久手堅 ☎098-949-1899(綠の館・セイファ) 🕐9:00~18:00(入場至17:30) 🈺2017年休11月18~20日(每年時間稍微不同) 💰大人¥300、中小學生¥150 🌐okinawa-nanjo.jp/sefa/ 🅿150個(南城市地域物產館、がんじゅう駅・南城、知念岬公園停車場) 🗺33 024 282*63

掃地圖

用餐選擇

開車兜風逛逛，潛入山林秘境品嚐在地好滋味。

山の茶屋・楽水
蔬食料理

must eat!
さちばるピザ
¥1,100
推薦菜

🏠 南城市玉城字玉城19-1

山の茶屋隱藏在林木之間，還要先爬段階梯才能抵達，但大片的海景風光還是誘人前來。茶屋提供以當地食材做成的蔬食餐點，午餐限定的「さちばる定食」有著滿滿沖繩味，海葡萄、ジーマーミ豆腐、時蔬天婦羅、玄米飯，讓人吃得超滿足，在廣闊海景前品嘗，更多了一番愜意滋味。

📍P.90B2 🚗那霸機場開車約22公里、南風原南IC開車約10公里 📞098-948-1227 ⏰11:00~16:00(L.O.15:00) 休週三、四，每月第四個週日 🌐sachibaru.jp/yamacha/ Ⓟ30個。 🗺232 469 638*12

掃地圖

屋宜家
沖繩家常料理

must eat!
石尊沖繩麵套餐
¥1,100
豆漿冰淇淋蜜豆冰
¥480
推薦菜

🏠 八重瀬町大頓1172

屋主屋宜先生是一位個性爽朗的大叔，原為機長的他退休後回到故鄉八重瀬町，翻修這棟有他小時候成長記憶的老房子，為老房子注入新生命，也讓喜愛料理的太太有機會一展長才。屋宜家不僅招牌的沖繩麵與雜炊讓人回味無窮，「豆漿冰淇淋蜜豆冰」也讓人驚艷，可以感受到屋主夫妻在餐點上的用心。

整顆大豆磨成超細粉末後製作的精華豆漿，有著大豆完整的豆漿，濃郁的豆漿冰淇淋及蜜紅豆與黑糖冰淇淋完美結合。

📍P.90A2 🚗那霸機場開車約19公里、南風原南IC開車約7公里 📞098-998-2774 ⏰11:00~16:00(L.O.15:45) 休週二(週假日營業)、1月1日 🌐www.ne.jp/asahi/to/yagiya/ Ⓟ15個

掃地圖

中本鮮魚天婦羅店
天婦羅

must eat!
もずく
(水雲天婦羅)
¥100/1個
推薦菜

🏠 南城市玉城字奧武9

過了連接本島與奧武島的大橋後，中本鮮魚天婦羅店就在右前方，便宜到令人意外的價格與新鮮的海產使得門口經常大排長龍，招牌口味為水雲(一種海藻)、馬鈴薯泥、花枝等，唯一的缺點是這家店沒有座位，看是要選擇買到車上吃，或是就站在門口吃完了再繼續上路。

掃地圖

📍P.90A2 🚗那霸機場開車約20公里、南風原南IC開車約9公里 📞098-948-3583 ⏰10:00~18:00(盂蘭盆節、除夕至17:00)，2樓餐廳11:00~16:00(L.O.15:00) 休週四(遇國定假日則週三休)，不定休 🌐nakamotosengyoten.com Ⓟ5個

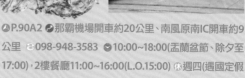

滿溢美式風情與迷人海景

本島中部
Middle Okinawa

殘波岬
BIOS之丘
座喜味城
本島中部
伊計島
宮城島
東南植物樂園
海中道路
美國村
勝連城跡
濱比嘉島
中城城跡
港川外人住宅街
那霸市

中部地區因為有著美軍基地，讓此區染上美國的風情，美國村、浦添就是其中代表，除此之外，其實中部地區，還是沖繩海岸最密集的地方，海濱多半屬於珊瑚礁岩岸，所以是浮潛、潛水的好去處，另外也可以驅車前往鄰近的離島。

王牌景點 ❻

位於北谷的美國村是 mall、保齡球館和個 區域內的購物中心集 牌。

擁有電影院、shopping 性商店的大型娛樂商圈， 結了吸引年輕人的各式品

大小建物不僅共構 出了擁有上百家店 舖的Depot Island， 也營造出美國村的 獨特風情。

造訪美國村理由

1 濃濃美式風情的娛樂商圈

2 飽覽海灘夕陽美景

3 滿滿購物中心和美食

 MAP P.96

美國村
アメリカンビレッジ／American Village

　常聽到的「美國村」其實是指北谷町美浜一帶的 大型購物區域，超越了購物中心的概念，這裡是 一整個美式風格的特色購物區，以Depot Island為首，美式風情的建 築、餐飲、設計品牌 都在其中，更難得的 是這個熱鬧的地方就 位在海邊，稍微多走 一點路，就能看到夕陽 西沉的自然美景。

🏠 中頭郡北谷町字美浜
🕐 依設施而異
🌐 www.okinawa-americanvillage.com
🅿 1500個
🗺 33 526 450*63

開車
距離那霸機場約40分鐘車 程；沖繩南IC開車約6公里
巴士
「県庁北口」站搭乘20、 28、29、120號巴士，在 「軍病院前」或「桑江」站 下車後徒步3~5分可達。

 至少預留時間
拍照逛吃美食
2~3小時
徹底體驗美國村魅力
不留一天怎麼夠

掃地圖

美國村聚集了各式美式小吃、漢堡、熱狗、冰淇淋店家應有盡有，來這裡就不管熱量了，先吃再說吧！

夜晚的美國村霓虹燈招牌紛紛亮起，搭配暖色燈光打在建築上，別有一番風味。

美國村的由來

美國村是由沿海的填海地區與早期駐日美軍歸還的土地規劃建造而成，由於鄰近地區有許多美軍設施，因此該地區散發出濃厚的美國風情。據悉，美國村是以美國西南地區聖地牙哥的購物商場「Seaport Village」為模型重新打造，不只是商場內的建築或是品牌店家，都讓人有身處異國之感。

DO YOU KNOW

白飯、味噌湯配肯德基，才是道地沖繩人！

長期受到美國文化薰陶的沖繩，在各式美式食物中，尤其獨愛肯德基炸雞。誇張的程度除了喜慶節日要吃之外，日常生活中，還會以白飯與味噌湯搭配上一桶炸雞桶，可說是每個家庭不可或缺的重要角色之一。據了解，沖人每人的肯德基年平均消費量在日本全國都道府縣中可是排名第一。

美浜シャトルカート

(美浜免費接駁車Shuttle Car)從2021年11月開始，美國村引進自動駕駛的接駁車，對於想在美國村各處逛街，每台車只能最多搭乘5人，無人駕駛的自動設定，相當新穎，每個站點都會自動停車，幾乎重要飯店、購物中心、濱海景點都有停留站點。共分公道路線(購物區)、海沿路線這2條路線，路線站點請查看網站。◐公道路線-每天10:30~21:00(30分/1班)。海沿路線-僅六日13:00~18:00(20分/1班) ⑤免費 ⓦwww.chatamobi.com/shuttle-cart.php ❶需注意等車完全靜止後，再上下車(遠端遙控，緊急狀況可與車上對講機對話)

異國風購物中心

聚集許多店家的美國村，好好享受購物樂趣當然是最佳的遊樂方式。這裡的購物中心建築，細膩地營造出美式風情，簡直像是為了拍電影所做出的小型版美國一樣，就算不買東西，拍照散步也十分好玩！

海邊走走品美食

美國村的一大優勢便是緊鄰海邊，步行距離就能來到Sunset Beach，雖然海灘不長，但搭配背後的美式建築與眼前的藍天大海，彷彿就旅行到了美國，周邊也有不少海景咖啡、餐廳，以及人氣豬肉蛋飯糰店，坐下來歇歇最是享受。

來到美國村，美式懷舊風情的購物街區是首逛目標，累了就到大摩天輪或海灘歇歇腳吧～

除了購物與美食，Sunset Beach的夕陽也是美國村的代表風景！

Sunset Beach

MAP P.96 B3

🚶北谷町觀光情報中心徒步約5分
🏠中頭郡北谷町字美浜2　☎098-936-8273　🕐9:00~18:00(7~8月至19:00、10月至17:30、11月至17:00)　❌12月~4月中旬　💰入場免費，淋浴(冷水)¥100/3分。
www.uminikansya.com

掃地圖

Sunset Beach正如其名，坐擁迷人的夕陽美景；細白的人工沙灘就位在熱鬧商圈的盡頭，每到傍晚時分，總會看到在防波堤或沙灘長椅上等待日落的人們。沙灘旁的棕櫚樹步道上有不少半開放式的餐廳，一邊吃著美食、一邊欣賞眼前美景也是這裡的一大魅力。

AEON北谷店

MAP P.96 B2

🚶北谷町觀光情報中心徒步約2分　🏠中頭郡北谷町字美浜8-3　☎098-982-7575　🕐9:00~22:00、餐飲8:00~23:00，部分店營時不一
www.aeon-ryukyu.jp/store/aeon/chatan　🅿2,150個，免費　🗺33 526 212*25

掃地圖

AEON北谷店內約有30家專賣店，包括DAISO、家飾、家電、書店、雜貨品牌等，還有築地銀だこ、星巴克等餐飲店舖，當然也有AEON旗下的超市可以大買零食、生鮮商品，不管是沖繩限定的餅乾還是石垣島辣油，又或者是各式各樣的雜貨都有販賣，而且還可以享退稅優惠，美食街旁還有小遊戲場，可以讓小朋友玩耍。

AKARA
MAP P.96 B2

📍北谷町觀光情報中心徒步約4分 🏠中頭郡北谷町字美浜9-20 📞098-926-2764 ⏰美術館11:00~20:00(最後入場19:30)、商店11:00~20:00 💰美術館大人¥800、高中生以下¥500 休美術館週二休 🌐museum.bokunen.com/

結合時尚、藝廊、餐飲於一體的AKARA，紅色的屋瓦與白色的建築物本身完全沒有一條直線，就像卡通裡才有的房子。1樓有Habu Box在沖繩最大的店面，以及沖繩版畫大師名嘉睦稔(Bokunen)的常設藝廊與商店，2樓為名嘉睦稔美術館(BOKUNEN ART MUSEUM)，3樓的餐廳則可以一邊欣賞落日一邊用餐。

掃地圖

色彩鮮艷、風格可愛的商場建築也是看點

琉球ぴらす以「大人也想穿的T-shirt」為主要概念的，美國村的分店裡擺滿了許多與在地活躍的藝術家合作推出的創意設計T恤。

奇妙的建築是美國村的地標之一

 Depot Island
MAP P.96 A2

📍北谷町觀光情報中心徒步約5分 🏠中頭郡北谷町字美浜9-1 📞098-926-3322 ⏰10:00~21:00(依店家而異) 🌐www.depot-island.co.jp

掃地圖

2010年開幕的大型購物商場，共包括大大小小10棟建築、130家以上的店面與餐廳，商場本身打造成像歐洲的小城鎮般，晚上行走其間，別有一番風味。這裡每個店舖都是獨立店面，除了有Crocs、Dr. Martens等國際品牌外，也有琉球ぴらす等沖繩與日本當地品牌。

 american depot
MAP P.96 B2

📍北谷町觀光情報中心徒步約2分 🏠中頭郡北谷町字美浜9-2 📞098-926-0888 ⏰10:00~21:00 🌐www.depot-abc.com

掃地圖

主打美式風格的Depot家族店面，各色顏色繽紛的商品幾乎將店內空間塞得堆積如山，1樓有衝浪服飾、LEVIS牛仔褲、女生配件、雜貨飾品、沖繩流行的夏威夷花襯衫等五花八門的商品，2樓則以由歐美平行進口的二手服飾為主，來這裡逛一趟就能一窺歐美流行時尚。

從建築就顯現出美式潮流的繽紛色彩

SOHO位在Depot C棟，整體氣氛和american depot頗為相像，但這裡的女裝較american depot更齊全。

值得一嚐

美國村美食雲集，迴轉壽司、咖啡任君挑選，走遠一點還有人氣拉麵以及澳洲早午餐喔！

用划算的價錢就可以大啖美味握壽司

グルメ回転壽司市場
迴轉壽司

must eat!
各式壽司一盤
¥140~¥420
推薦菜

🏠 中頭郡北谷町字美浜 2-4-5

沖繩當地知名的迴轉壽司店，以食材新鮮多樣、價格實惠聞名，這家在美浜的分店位於國道58號轉進美國村的入口處，獨棟的店面相當醒目，用餐時間總是高朋滿座，除了沖繩當地人外，美國人也不少，這樣的用餐經驗也算是沖繩旅遊的一項特殊體驗。

🔼P.96C1 🚶北谷町觀光情報中心徒步約4分 🈺週三 ☎098-926-3222 🕙11:00~22:00 🌐gurumekaiten.com

 掃地圖

浜屋
沖繩麵

🏠 中頭郡北谷町宮城 2-99

must eat!
浜屋そば
(濱屋沖繩麵)
大¥750
推薦菜

說到沖繩的美食，沖繩麵絕對稱得上是前幾名具代表的料理，而浜屋正是沖繩麵的佼佼者。充滿居家氣氛的浜屋創立至今已30餘年，熬煮出雞、豬與鰹魚鮮甜精華的鹽味湯頭完全不使用醬油調味，加上Q彈帶勁的麵條與豐盛的配料，吃完一碗就大大滿足。

🔼P.100A1 🚗沖繩南IC開車約5公里 ☎098-936-5929 🕙10:00~17:30(L.O.17:00) 🈺不定休 🌐hamayasoba.gorp.jp/ 🅿9個 📷33 584 046*87

 掃地圖

本島中部：美國村

ZHYVAGO COFFEE WORKS OKINAWA
咖啡館

must eat!
Espresso
¥350
卡布奇諾
¥500
推薦菜

🏠 中頭郡北谷町美浜9-46 Depot Island Seaside Building

ZHYVAGO COFFEE WORKS OKINAWA老闆飯星先生將其深愛的美國舊金山西海岸風格融入沖繩西海岸，讓ZHYVAGO呈現出雅致的美式工業風格。店內除了單一咖啡外，亦有特調咖啡可選擇，還有三明治、甜點可供享用，也會不定期推出限定餐點。

掃地圖
🔼P.96A2 🚶北谷町觀光情報中心徒步約6分 ☎098-989-5023 🕙09:00~19:00 🈺不定休 🌐zhyvago-okinawa.com

GOOD DAY COFFEE
西式早午餐

must eat!
Good day breaky
¥700
推薦菜

🏠 中頭郡北谷町浜川178-1

招牌「Good day breaky」是澳洲的定番早餐，有著兩大片培根、兩顆鮮嫩的太陽蛋，還有分量幾乎半顆的滿滿酪梨，搭配上底部微微烤過的吐司，濃郁的酪梨與蛋黃、培根的香氣融合，好吃得讓人心花怒放，作為假期的開始真是再適合不過。

GOOD DAY COFFEE是一家由外國人經營的咖啡店，說是咖啡店，這裡可是從早上6點就開始營業。

🔼P.100A1 🚗美國村開車約2公里 ☎090-4470-1173 🕙6:00~15:00 🈺週一 🅿2個 📷33 585 034*28

 掃地圖

往東邊走，有座**沖繩最大的購物中心**讓你買到手軟，或是繼續向南前進，以**歷史建築**見證當年琉球王國的繁華。

保存完整的中村家住宅，是當時琉球國士族賀氏中村家的住宅，目前也被列為日本國家指定重要文化財。

MAP P.100 B2 **中村家住宅**

中村家住宅在二次大戰中幸運的躲過戰火的摧殘，得以保留沖繩古民宅的原始風味，整座建築包括主屋、廚房、偏間、穀倉、倉庫等，可窺見中村家祖先身為上層農家在琉球王國時代富裕的生活足跡。參觀完後，可持門票至旁邊的土產店享用點心和飲料。

🚗北中城IC開車約3公里 📍北中城村字大城106 ☎098-935-3500 🕐9:00~17:00 ❌週三、四 💰大人￥500、國高中生￥300、小學生￥200 🌐www.nakamurahouse.jp/ 🅿20個 🗺33 441 279*86

掃地圖

MAP P.100 B2 **中城城跡**

同時入選世界遺產和日本百大名城的中城城跡共有6層城郭，由琉球石灰岩修築而成的石壁層疊而上，佔地遼闊，推測建於15世紀。中城和其他古城同樣歷經戰亂，卻是保存得較為完整的一個。1850年美國黑船的司令官培里也曾參觀這裡，並將他的讚嘆之情詳細記日記之中。

🚗北中城IC開車約3公里 📍北中城村字大城503 ☎098-935-5719 🕐8:30~17:00(5~9月至18:00) ❌週二 💰大人￥400、國高中生￥300、小學生￥200 🌐www.nakagusuku-jo.jp 🅿50個 🗺33 411 551*34

掃地圖

本島中部：美國村

A　　B　Deigo Hotel　　C　金武灣

美國村周邊
●Transit Cafe　沖縄市　海中道路
浜屋　●Hotel New Century　勝連城跡　海の駅 あやはし館
GOOD DAY COFFEE　北谷町　沖縄南IC　沖縄こどもの国　329　●パヤオ直売店
美浜美國村　Aeon Mall 沖縄Rycom　与勝半島
北中城村
N　北中城IC　Ploughman's Lunch Bakery
●中村家住宅
宜野灣市　●中城城跡
58　●米や松倉　中城公園

◎景點 ●餐廳 🛍購物 ◎麵食
🏨飯店 🏬百貨 ●公園 ☕咖啡廳

mofgmona & mofgmona no zakka　Sans Souci　中城村

A　　B　　C

建築蓋在過去美軍專用的高爾夫球場上，外觀設計融入沖繩的南洋風格。

Aeon Mall Okinawa Rycom

MAP P.100 B1

2015年4月開幕的Aeon Mall Okinawa Rycom為沖繩最大型的複合式購物中心，這間佔地超過17萬平方公尺、總計5層樓的超大商場內，可以分為Rycom Sky Diner、Rycom Food Garden、Rycom Gourmet World、Rycom Village等區域，進駐了約220個品牌，還有約60個種類多樣的餐飲店可供選擇，食衣育樂都在其中。

掃地圖

🚗沖繩南IC開車約3公里；巴士「イオンモール沖縄ライカム」站徒步即達、「比嘉西原」站徒步約5分。另外有從旭橋那霸巴士總站出發的直達車25、92、152號巴士可利用。 🏠中城村字ライカム1番地 ☎098-930-0425 ⏰10:00~22:00、餐廳~23:00。(依各店而異) 🌐okinawarycom-aeonmall.com/ 🅿4000個 🗺33 530 406*45

尋找沖繩首間分店
這裡的品牌不只以數量取勝，會如此有話題性的原因之一，是因為進駐的店家約有半數是沖繩或九州地區首度開設的分店，其中也不乏台灣沒有的品牌，出發前先研究一下有哪些品牌，才能更有效率地大肆血拼。

Rycom Aquarium
🏠Aeon Mall Okinawa Rycom 1F
⏰8:00~23:00

開放感十足的挑高大廳，坐落其中的超大型水族箱吸引著來往遊客的目光，約25種、近千尾色彩豔麗的熱帶魚優游其中，包含體型較大的蘇眉及豹紋鯊，看著魚兒在通透澄澈的水中緩緩游動，演繹出充滿神秘感的空間，感覺相當療癒。

Gourmet World
🏠Aeon Mall Okinawa Rycom 3~4F
⏰10:00~22:00

涵蓋3~4樓兩個樓層的美食街共計有2400個座位，空間十分寬闊，提供的料理種類多元，甜點、牛排、壽司等日本各地料理、各國主題美食應有盡有，若實在無法抉擇，那就看看排隊人潮來決定要吃哪一間吧！

購物中心規模非常大，建議先找好要去的店家再前往比較有效率。

港川外人住宅街內，每家店舖都有自己的風情，社區洋溢的異國風更是雅致，躍升為熱門IG景點。

本島中部：港川外人住宅街

王牌景點 ⑦

「外人住宅」的建築是原本區域內的美軍所居住的獨棟式平房，純白的建築搭配小巧可愛的庭院，有的被改裝為咖啡店、工房或民宿，形成沖繩的另一種特色建築。

港川外人住宅街

MAP P.104

ミナトガワステイツサイドタウン／Minatogawa StateSide Town

這裡原先是美軍眷屬居住的社區，一般稱為外人住宅區，在他們搬離之後，保留了眼前一棟棟白色平房和小庭院，在許多特色店家進駐後，重新賦予白色平房新生命，各自漆上專屬的繽紛色彩，天藍色的屋頂、橘紅色、鵝黃色的窗框，桃紅色、蘋果綠的大門。每走一步，彎進一條街道，都是驚喜。

 浦添市港川沖商外人住宅街
 依店鋪而異，約11點後陸續開店
 okisho.com/ ❶ 外人住宅街巷弄較小，雖然可以臨停，部分店家也有停車位，擔心車位的話建議可在外圍尋找停車場再徒步進去
🗺 33 341 062*21

至少預留時間
吃下午茶拍美照
1.5~2小時
享受悠閒氛圍逛逛小店
半天

開車
從那霸市區開車約7公里

巴士
可由巴士「県庁北口」站搭乘24、28、52、77號巴士約25分至「第二城間」站下車，接著徒步6分可達。

掃地圖

造訪港川外人住宅街理由

1. 文青系必訪景點
2. 特色建築美照拍不完
3. 隱藏許多人氣店家

這裡有許多販賣古著、雜貨的特色店家,文青系的你一定會喜歡!

細細端詳每棟建築,無論是復古風的擺飾,還是色彩上的搭配,都能看見屋主的小巧思。

怎麼玩港川外人住宅街才聰明?

美國地名分區

區域內主要依照顏色和美國各州來命名劃分,貫徹「外人精神」,共有62間小屋,分為Georgia、Texas、Indiana、Florida、Nevada、Virginia、Kansas、Michigan、Arizona、Oregon這十個區塊,熟悉美國的人應該會很有親切感。

懷舊元素

每棟白色箱型小屋門上都還保留了舊時的門牌號碼,小小正方形牌子上寫著數字,再加上一盞歐式古老吊燈,非常懷舊。

個性小店

這裡隱藏了不少咖啡紅茶屋、甜點麵包舖、二手衣、古董店到美式、日式雜貨舖等。緩步而行,還能細細品味西方與日本、琉球文化交會而生的奇特風情。

DO YOU KNOW

日本漢字「外人」=「外國人」?

「外人」一詞在日文中代表外國人,但並非單純為外國人的縮寫,大部分的人認為「外人」一詞帶有貶義,但有另一部份的人認為「外人」只是單純字面上「外國人」的意思,甚至會在稱呼外國人時另外加上「さん」,只因為覺得「外人さん」這個詞聽起來更加親切有禮。

一幢幢清新別致的小房子，各個都是深藏不露的人氣店家，隨意踏入一處都不踩雷～

點心總本店

沖繩超人氣甜

MAP P.104 B2

oHacorte

📍港川外人住宅街No.18　📞098-875-2129　🕐11:30～19:00　🏠週二　🍴水果塔約¥544起　🌐www.ohacorte.com　🅿6個

掃地圖

　一到門口就被oHacorte清新可愛的外觀所吸引，小小的店內木頭的陳列櫃上擺滿各式點心、雜貨，點心櫃裡用新鮮水果製成的各式水果塔不僅外觀吸引人，味道也不馬虎，酥脆的塔皮與甜而不膩的內餡剛好襯托出水果的美味。座位區的所有家具都是量身訂做，木頭溫潤的質感搭配簡單的陶製餐具，讓人一坐下來就不想離開。

港川外人住宅街

店內提供各種不同咖啡的試喝

亦有Beans Store自家精選的烘焙咖啡豆可供選購

OKINAWA CERRADO COFFEE Beans Store
MAP P.104 B1

📍港川外人住宅街No.28　📞080-6486-4107　🕐11:00~18:30　⏸例假日　🌐beansstore.jp　🅿有

　靜匿於浦添外人住宅街，OKINAWA CERRADO COFFEE Beans Store從1988年便提供辦公室咖啡服務，是十分受到當地人喜愛的在地咖啡館。店家專攻咖啡類飲品，沒有其他茶品、甜點，只有些許可搭配咖啡享用的餅乾，讓客人完全沉浸在咖啡美妙的香氣和風味中。

雞湯拉麵屋 いしぐふー
MAP P.104 B1

📍港川外人住宅街No.40　📞098-879-7517　🕐10:00~15:00，週末例假日~16:00　⏸週一　💰特選そば￥820　🌐www.ishigufu.jp　🅿有

　外觀乍看僅是間不起眼的白色小平房，實際上卻是深藏不露的沖繩名店。店家特選そば湯頭以山原地雞熬煮而成，喝起來濃郁卻又爽口，絲毫不油膩，還設有自助青菜區，顧客可參考店牆上的蔬菜營養功效說明，選購自己喜歡的蔬菜並以招牌雞湯燙煮，口感獨特美味，十分推薦！

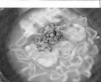

清爽又鮮美的湯頭、軟嫩的雞肉都是店家強項

Portriver Market
MAP P.104 B1

📍港川外人住宅街No.30　📞098-911-8931　🕐11:00~18:00（週一、三、五），12:30~18:00（週二、四、六）　⏸週日、國定假日　🌐http://www.portrivermarket.com/index.html　🅿2個

　位於ippe coppe對面的Portriver Market是一家Select Shop，過去曾在日本知名Select Shop上班的老闆，從東京搬到沖繩定居後，收集了自己喜歡的商品開設了這家小店，商品種類包含服飾、雜貨、化妝品等，也可以點杯飲料與三明治，坐在店裡與老闆聊聊各項商品的魅力。

離開外人住宅區，前進中部宗教聖地參拜，或到冰淇淋總店吃冰、DIY！

 普天満宮

© 普天満宮

與那霸市的波上宮相同，普天満宮位列「琉球八社」之一，這裡是沖繩中部的聖地。最早的普天満宮(奧宮)建在地下的鐘乳洞中，自古就是琉球傳統信仰的祭祀地，要是想到神社鐘乳石洞內一窺奧宮的莊嚴，只要到社務所填寫申請書，巫女就會帶領前往。

每年農曆9月15日的例大祭會有琉球舞蹈、神樂舞演出，從前琉球國王還會特地前來參拜。

🚗北中城IC開車約2公里；從巴士「普天間」站下車徒步2分可達。 🏠宜野灣市普天間1-27-10 ☎098-892-3344 ⏰普天満宮洞穴 10:00~17:00 🌐futenmagu.or.jp 🅿約20個 🗺33 438 615

掃地圖

 BLUE SEAL ICE PARK

想要體驗冰淇淋DIY記得先上網預約，不然只能到現場碰碰運氣。

來到沖繩，一定不難發現「BLUE SEAL 冰淇淋」的蹤影，這家沖繩獨有的冰淇淋品牌在沖繩可說是「走到哪都看得到」。牧港本店販售各式BLUE SEAL 冰淇淋，一旁的ICE PARK展區則為免費參觀，繽紛可愛的裝飾設計讓人彷彿步入了真正的冰淇淋王國。

也可以到本店品嚐美味的冰淇淋

🚗從那霸市區開車約9公里 🏠浦添市牧港5-5-6 ☎098-877-8258 ⏰10:00~22:00 💲冰淇淋DIY體驗 ¥1,500 🌐icepark.blueseal.co.jp 🅿約50個 🗺33 341 535*52

掃地圖

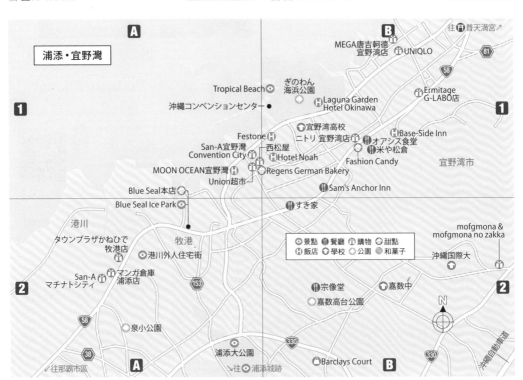

本島中部：港川外人住宅街

王牌景點 8

遠離塵囂繁雜，踏入**沖繩本島最西端**的讀谷村，體驗沖繩的壯麗海景、傳統工藝和歷史古城。

造訪讀谷理由

1 世界遺產**歷史古城**

2 體驗**傳統沖繩藝術文化**

3 沖繩**最西端的燈塔**

讀谷最西端的殘波岬是座高30公尺的斷崖絕壁，碧海藍天和象徵性的白色燈塔，構成一幅動人絕景。

本島中部：讀谷

© Max/Carole Koshino

MAP
P.111

讀谷
よみたん／Yomitan

讀谷村介於沖繩中部與西海岸之間，從這一帶開始，那霸與美國村的都市氣氛開始遠離，迎接旅人的是林中景點、無際海洋、震撼斷崖，或是隱藏其中的古城遺跡，或是顯得遺世獨立的陶器聚落，不同的元素揉合在一起，展現出沖繩慵懶而美麗的自然風情。

至少預留時間
殘波岬
2.5小時
座喜味城跡
1小時
體驗王國Murasaki村
半天以上

本區交通以開車較為方便，從那霸市區出發車程約1小時
◎從那霸BT則可搭乘巴士28、29號在「谷バスターミナル」站下車。
◎利用読谷村區域巡迴巴士，共4條路線，單程¥200、一日券¥400。

掃地圖

位在Hotel Nikko Alivila飯店腹地內的Nirai海灘，有潔白的沙灘與透明度高的海水，曾被「TripAdvisor」評為沖繩本島第一海灘，喜歡水上活動的人可以體驗浮潛、香蕉船，感受陽光與海風的美好。

體驗王國Murasaki村中可以感受昔日的沖繩風情，還有彩繪風獅爺、吹玻璃等，超過100種體驗活動，適合親子大小一同遊玩。

DO YOU KNOW

讀谷榮登日本人口最多的「村」

擁有許多觀光名勝的讀谷村，村中有 45% 的土地為駐日美軍基地，人口數逼近 4 萬，曾經為人口數排名第二的村級行政區，僅次於人口數 5 萬 3 千餘人的岩手縣瀧澤村，但 2014 年 1 月 1 日瀧澤村改制為市後，讀谷村便躍升為日本人口最多的村了！

怎麼玩讀谷才聰明？

沖繩第一家鬆餅店 座落於沖繩本島中部讀谷的海岸旁的JAKKEPOES，是沖繩第一間美式鬆餅專賣店，營業已超過10個年頭。除了有美麗海景作伴，咖啡廳本身也是由早期美軍宿舍改建而成，別具風味，來這裡享用早餐作為讀谷的起點再適合不過了！

陶器聚落

聚集陶藝家工房的地區，這裡有陶瓷窯、陶器店家、藝廊、咖啡廳等，還可以進行陶藝手工體驗，文青系、器皿控，或是喜歡慢旅行的你絕不能錯過！

殘波岬夕陽

殘波岬是欣賞夕陽的著名地點之一，10月~2月間日落大約在傍晚6點左右，夏季則延長至7、8點，建議在日落前1~2小時抵達，可以拍到逆光美景，也更有餘裕找到最佳攝影角度，如果想要觀賞藍天大海與雪白的燈塔，適合上午前來喔！

殘波岬、座味喜城、陶器之里等等，都是讀谷村深具魅力的景點，不妨串成一日行程遊玩吧～

 MAP P.111 A1 **殘波岬**

🚗石川IC開車約20公里　📍中頭郡読谷村宇座1861　📞098-958-3041

🕐殘波岬自由參觀，燈塔9:30~17:30 (10~2月9:30~16:30)　💰燈塔¥300　🅿270個，免費　MAP 1005 685 327*32

掃地圖

從突出的殘波岬角上能夠望見連續2公里的斷崖海岸，景色壯觀，同時也是夕陽名所之一。殘波岬上雪白的殘波岬燈塔約有40年歷史，2001年開始開放參觀，登上急陡的階梯後，360度的遼闊風景令人讚嘆。岬上並有規劃步道，可以來趟小小的散步。

©photo AC

©photo AC

©photo AC

殘波海灘和殘波岬公園有許多遊玩活動和設施，待上一天都不嫌多。

這座建於15世紀的城跡於2000年被列為世界遺產

這尊銅像是出身自讀谷村的歷史人物「泰期」，他曾是琉球王國第一位進貢中國的使節，而開啟了琉球王國的大貿易時代，也因為泰期本身有著卓越的商業手腕及國際貿易觀，在沖繩有「商業之神」的美譽。據說，雕像手指的方向為中國福建省。

 MAP P.111 B2 **座喜味城跡**

🚗石川IC開車約12公里，從読谷BT徒步約16分　📍中頭郡読谷村座喜味708-6　📞098-958-3141(読谷村立歷史民族資料館)　🕐💰自由參觀　🅿免費　MAP 33 854 486*41

掃地圖

位於台地之上的座喜味城，小巧的弧形城郭相當優美，也是琉球諸城中第一個建造出弧型拱門的城址。從遺址結構可以明白，座喜味城不像其他城具有強烈的政治性格，可能作為貿易中心使用，從讀谷地區傳統的編織與燒物，也透露當時海外貿易與交流的繁榮。

本島中部∷讀谷

沿著山勢向上延伸的「登り窯」是當地看點

ギャラリー森の茶家是陶藝家金城明光的藝廊兼咖啡廳

「登り窯」設計巧妙，在最低處燒柴，熱空氣就會順勢上升。

◉ MAP P.111 B2 やちむんの里

掃地圖

🚗石川IC開車約10公里；也可搭乘読谷村巡迴巴士西路線於「親志入口」站下車後徒步15分。各工房間的距離均在徒步範圍之內，慢慢逛下來約2~3小時。 🏠中頭郡読谷村座喜味2653-1 ☎098-958-6494(読谷村観光協会) ⏰依各工房而異 🅿有超過60個共用停車位，免費 🌐https://www.yomitan-kankou.jp/tourist/watch/1611319504/ 🗺33 855 115*00(停車場)

やちむんの里就是沖繩方言的「陶器之里」；30年前，壺屋一帶陶窯因為空氣污染而面臨搬遷的

命運，其中不少工房——大部分是人間國寶金城次郎先生和他的後代——遷移到了位於讀谷山間的此地。不同於其他

觀光地區；陶器之里的步調安祥沉靜，也始終吸引著陶器愛好者前往拜訪。

玻璃體驗算是所有手工藝體驗中最吸引人，參與的人都對於能夠進去那個火熱的製作廠，及緊張地做出自己的作品而興奮不已。

◉ MAP P.111 A2 體驗王國 Murasaki村

掃地圖

🚗石川IC開車約15公里；從那霸BT搭乘28號巴士在「大当站」下車徒步10分 🏠読谷村字高志保1020-1 ☎098-958-1111 ⏰9:00~18:00(入園至17:30)，時間依設施而異，詳見官網。 💰入場大人¥600、國高中生¥500、小學生¥400。體驗另計。 🌐murasakimura.com 🅿300個 🗺33851317*30

110

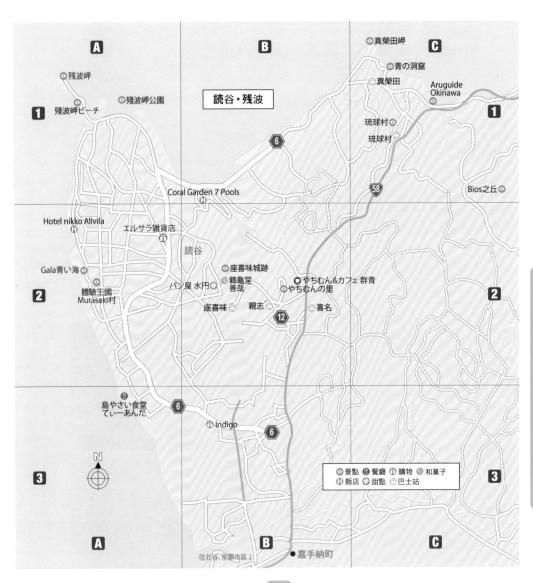

読谷・残波

A
- ◎残波岬
- ◎残波岬ビーチ
- ◎残波岬公園

B

C
- ◎真榮田岬
- ◎青の洞窟
- ◎真榮田
- Aruguide Okinawa
- ◎琉球村
- 琉球村
- Bios之丘◎

1

- Coral Garden 7 Pools Ⓗ
- Hotel nikko Alivila Ⓗ
- エルサラ雑貨店
- 読谷
- ◎座喜味城跡
- 鶴龜堂善哉
- ◎やちむん&カフェ群青
- ◎やちむんの里

2
- Gala青い海 ◎
- 體驗王國 Murasaki村
- パン屋水円
- 座喜味
- 親志
- ◎喜名

3
- 島やさい食堂 てぃーあんだ
- Indigo
- N

◎景點　⋔餐廳　⋒購物　◎和菓子
Ⓗ飯店　◎甜點　巴士站

往北谷、那霸市區↓　●嘉手納町

古意盎然的體驗王國Murasaki村，原先是NHK大河劇《琉球の風》搭建的拍攝場景地，共計一萬五千坪的園區重現了琉球王朝的風華，紅瓦屋頂的房舍、琉球石灰岩的石疊……遊走其間，彷彿回到過往。園內也提供豐富的傳統工藝體驗，還附設有餐廳及住宿，可玩上一整天。

📖 **瑰麗的琉球玻璃**

玻璃在沖繩的歷史約從明治時代中期開始，因為缺乏原料，最初是以廢棄的可樂瓶為創作原料，到今日玻璃製品的裝飾功能仍大於實用功能。此外，沖繩的玻璃製品全部都不耐熱，不能拿來裝熱飲，但拿來喝泡盛或啤酒卻是最佳選擇！

延伸景點

真榮田岬潛水一波！
飽覽青之洞窟的絕世美景～

真榮田岬
MAP P.111 C1

真榮田岬是沖繩具代表的潛水聖地，因為鄰近全世界只有沖繩和義大利才有的「青之洞窟」而知名。石灰岩海岬上有簡單的步道和瞭望台，可以欣賞海邊奇形怪狀的礁岩、清澈透藍的海水、寬闊綿延的珊瑚礁和浮潛的人們，另外也有簡單的淋浴設備。入口不遠處右側的長階梯可以通往海邊。

🚗石川IC開車約6公里。從那霸市區搭乘20號巴士至「久良波」站下車後，往縣道6號徒步約20分，或乘計程車約5分可達。 🏠國頭郡恩納村真榮田469-1 ☎098-982-5339 🕐7:00~18:30。停車場大約7:00~19:00 🚫1/1~1/3 💲淋浴￥200/2分鐘，置物櫃￥100/次 🌐maedamisaki.jp 🅿停車場小型車￥100/1小時，入口左邊小巷可以路邊停車 備註：冬日季風或風浪過大時，樓梯可能封閉；少部分潛水店家也提供英文或中文服務。

DO YOU KNOW

真榮田？與眾不同的沖繩姓氏

琉球王國時代，薩摩藩為了要炫耀自己對琉球的控制，下令禁止大和（日本）的姓氏，逼迫琉球人將姓氏從兩個字改成三個字，這也是為何會有「真榮田（前田）」、「真榮里（前里）」、「富名腰（船越）」等特別的姓氏出現。目前沖繩前三大姓分別為比嘉、金城以及大城，本州常見的佐藤、鈴木幾乎看不到。

青之洞窟現在是沖繩相當知名的景點，黑暗中散發著藍色光芒的洞窟神秘魔幻，在旺季時還需排隊等候進洞呢！

青之洞窟是由琉球石灰岩構成的天然洞穴，當陽光由洞窟入口照射進洞窟時，海水是變幻多端的透徹青藍，熱帶魚悠游其間，彷彿做夢般的畫面。

出了洞窟，海中世界頓時繽紛了起來，小丑魚、河豚、熱帶魚優游其中。

©株式会社まえだ

AruGuide提供「獨木舟與青之洞窟浮潛」行程，遊玩後還可以到附設的咖啡廳點杯飲料、輕食，望著澄藍如洗的海洋，身心無比舒暢。

探訪小巷裡的在地人氣美食，
限量版神級麵包晚來一步可就吃不到囉～

店裡提供多種口味選擇，甚至還有黑糖洋梨披薩。

やちむん＆カフェ 群青

陶藝體驗咖啡廳

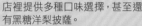

各式窯烤披薩
¥850起
must eat! 推薦菜

🏠 座喜味2898-21(やちむんの里)

掃地圖

やちむん＆カフェ 群青是由陶真窯開設的陶藝體驗咖啡，可以在這裡創作風獅爺、食器，或是來場簡單的上色體驗，當然，也可以單純前來享受美食。這裡提供現點現烤的窯烤披薩，店內的披薩烤爐十分特別，有著風獅爺造型的可愛模樣，美味披薩都是從風獅爺嘴裡出爐，頗有一番趣味。

📍P.111B2 🚗石川IC開車約10公里；從やちむんの里開車約5分；搭乘讀谷村巡廻巴士西路線於「親志入口」站下車，徒步6分鐘 ☎098-927-9167 🈺週三 ⓤtousingama.com/gunjyocafe Ⓟ5個 ㊉33 856 393*47

限量出爐的麵包，是沖繩麵包界的逸品。

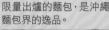

各式麵包約
¥200起
must eat! 推薦菜

鶴龜堂善哉
鶴龜堂ぜんざい

和菓

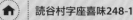

紅芋黑糖
ぜんざい
¥680
must eat! 推薦菜

🏠 読谷村字座喜味248-1

一般在日本看到善哉(ぜんざい)通常指的是熱紅豆湯加麻糬，但沖繩的善哉是煮透的甜紅豆(金時豆)和白玉，上頭加上刨冰的甜品，鶴龜堂的善哉將金時豆燉煮6小時至軟而不爛，甜度也剛好，還吃得到黑糖的香氣，非常消暑。店裡擺設了許多老闆收集的手動刨冰機，卡通造型的刨冰機讓人回憶起童年時光。

掃地圖

📍P.111B2 🚗石川IC開車約12公里 ☎098-958-1353 🕚11:00~17:00(售完為止) 🈺週三(夏季不休息) ⓤwww.facebook.com/tsurukame358/ Ⓟ共同停車位50個

パン屋 水円

麵包

水円的男主人先前在沖繩知名麵包屋宗像堂當學徒，待了6年後自己獨立開店。店內麵包都是店主親手製作，最大特色就是天然酵母石窯麵包，使用宮崎縣產的無農藥玄麥、裸麥，未添加任何蛋或乳製品，長時間發酵而成的麵團，經過石窯烤出特殊香氣，外表樸實，吃來很紮實，也比一般麵包更有嚼勁。

🏠 読谷村座喜味367

掃地圖

📍P.111B2 🚗石川IC開車約13公里 ☎098-958-3239 🕚10:30~麵包售完為止 🈺週一~三 ⓤwww.suienmoon.com Ⓟ8個 ㊉33 854 097*54

本島中部：讀谷

曾為琉球王國最繁盛的城市之一，伴隨著古城的歷史興衰，這座蔚藍海岸清幽、寧靜，來一趟離島慢旅行再適合不過了。

海中道路的説法常給人「海底隧道」的印象，但沖繩本島西側的海中道路，其實是填海造成的4.7公里長橋，在中心位置還有道路休息站可供歇息。

至少預留時間
隨意兜風走走
2~3小時
征服4座離島
住上2天慢慢玩也不為過

本區交通以開車較為方便，從那霸市區出發車程約40分鐘

掃地圖

東海岸
ひがしかいがん／East Coast

MAP
P.116

　隸屬於本島中部地區的東海岸一側雖然不如西海岸熱鬧，但依舊有著令人驚嘆的美麗海景，海中道路可感受到前所未有的開闊感，對岸的平安座島、濱比嘉島、宮城島與伊計島也有靜謐的海洋與沙灘，以及被列為世界遺產的古城勝連城跡，都值得一一探尋。

造訪東海岸理由

1. 開車就能玩離島

2. 坐擁無敵海景，又不怕人擠人

3. 大啖漁港直送海鮮

不少離島以海灘著名，能夠體驗各式各樣的水上活動。

古城位在制高點，不僅可以欣賞古城遺跡，還能夠眺望遠方海景。

泡瀨漁港

位在海中道路附近的泡瀨漁港是沖繩中部著名的魚市場，主打新鮮直送的生魚片、龍蝦等多元海產，簡直是海鮮饕客的天堂，除了本地居民外，也吸引不少觀光客前來朝聖，首推豪華度爆表的海膽焗龍蝦，詳細內容請見P.118

穿梭海上玩離島

海中道路和其他幾座海上大橋，串聯起與勝半島和鄰近的濱比嘉島、平安座島、宮城島、伊計島等離島，駕車穿梭海上是很特別的體驗，還可以騎單車跨越大海！

休息站好好玩

海の駅あやはし館裡頭販售著許多宇流麻市的特產品，附設的餐廳可以吃到各項以沖繩的農產品製作的餐點，到了夏天還會推出消暑的霜淇淋，一面眺望大海一面吃冰，相當沁涼過癮。休息站後方也有可看海景及BBQ的地方。

🏠うるま市与那城屋平4
🕐9:00~18:00(冬季至18:00)
🗺499 576 410*63

115

享受自駕旅行的悠閒步調，
——探訪靜謐離島和宏偉古城跡～

位在制高點的勝連城跡風景壯麗，被譽為「沖繩的天空之城」！

MAP
P.116

勝連城跡

沖繩北IC開車約8公里，從那霸巴士總站搭乘52號巴士(与勝線)於「勝連城跡」下車　うるま市勝連南風原3807-2　098-978-2033　9:00～18:00　免費　www.katsuren-jo.jp　125個　499 570 238*21

掃地圖

琉球王國統一前，年輕有為的勝連城主阿麻和利，是首里城最後的心頭大患。阿麻和利於1458年舉兵攻打首里城，遭遇大敗，黃金城般的勝連城就此湮沒歷史之中，僅留下優美的弧狀石牆，

DO YOU KnoW

勝連城曾是東洋貿易轉口港！

勝連城在城主阿麻和利起兵攻打首里城失敗前，可以說是當時琉球最繁榮的城市之一，阿麻和利積極發展與奄美大島、中國以及日本之間的貿易交流，使得勝連城成為東洋貿易的中轉港。

及自韓國、中國等地的出土遺物，令人遙想當年貿易繁盛。

本島中部：東海岸

東海岸

石川IC
金武灣
ビオスの丘 (bios之丘)
伊計島
伊計海灘
東南植物樂園
うるま市
宮城島
果報崖
Nuchimasu製鹽工廠 命御庭
沖繩北IC
工房ことりの
平安座島
Deigo Hotel
沖繩市
海の駅 あやはし館
海中道路
浜比嘉大橋
沖繩南IC
Hotel New Century
勝連城跡
与勝半島
Hotel浜比嘉島Resort
北谷町
沖繩こどもの国
パヤオ直売店
浜比嘉島
Aeon Mall沖繩Rycom
北中城村
北中城IC
Ploughman's Lunch Bakery
Sans Souci
中村家住宅
中城公園
中城城跡

景點　購物　飯店
餐廳　百貨　公園

N

伊計ビーチ
伊計海灘
MAP P.116

🚗沖繩北IC開車約27公里 📍うるま市
与那城伊計405 📞098-977-8464
9:00~18:00(依季節變動) 💲設施使用費
中學以上￥400、5歲~小學生￥300
www.ikei-beach.com 🅿️約300個 🗺499 794 066*22

掃地圖

　位於伊計島的伊計海灘是開車就能抵達的離島海灘之一，綠樹包圍的純白沙灘與青藍海水，在夏天總吸引許多人潮。這兒水上活動的相關設施相當齊全，包括香蕉船、玻璃船、潛水、浮潛、游泳、露營、烤肉、沙灘車等，在這裡都可以玩得到。

不妨參加水上活動，感受青藍海水的沁涼。

©OCVB

©OCVB

©flickr Erica Lin

入住島上飯店，整片海景都是我的後花園~

濱比嘉島
MAP P.116

🚗沖繩北IC開車約28公里 📍うるま市與那城伊計405 🗺499 520 813*44

掃地圖

　迷你的濱比嘉島海岸線全長為7公里，以濱比嘉大橋和平安座島相連，相傳是琉球裡創世之神──女神阿摩美久和男神志仁禮久所

居住的島嶼，同時也是琉球歷史起源以及兩位神祇最後辭世之地。靈場參道、湛藍海洋與古老聚落，一同構築出島上神聖寧靜的氣氛。

👉有此一說~

琉球創世神傳說
琉球王國官方典籍紀載的神話中，創世神女神阿摩美久與男神志仁禮久一同下凡，繁衍人類、教導人們耕作，兩神因而被視為琉球人的祖先。其降臨的久高島自然成為「聖地」，而濱比嘉島南方的「志仁禮久靈場」則吸引不少人特地來此求子。

本島中部：東海岸

117

位在宮城島上的工廠，可觀看製作過程工廠內變成雪白世界的奇妙景觀。

一旁還有展望台可眺望壯麗的「果報崖」，可別錯過了。

Nuchimasu 製鹽工廠 命御庭
MAP P.116

🚗沖繩北IC開車約25公里　🏠うるま市与那城宮城2768　☎098-983-1140　掃地圖　⏰9:00~17:30，工廠見學9:00~17:30　💲免費參觀　🌐www.nutima-su.jp　Ｐ55個　🗺499 674 664*36

以「瞬間空中結晶製鹽法」所製作出的生命之鹽「ぬちまーす」，不僅是全世界第一個以含有礦物質數量之多獲得金氏世界紀錄的鹽，更曾經登上料理東西軍的特選素材，稱之為「鹽巴中的精品」亦不為過。

パヤオ直売店
MAP P.116

🚗沖繩南IC開車約6公里　🏠沖繩市泡瀨1-11-34 泡瀨漁港內　☎098-938-5811　⏰10:30~18:00(冬季至17:30)　💲イセエビウニ焼き定食(龍蝦海膽燒烤套餐)¥3,000（視當日進貨狀況出菜）　Ｐ50個　🌐http://www.payao-okinawa.com/restaurant.php　🗺33 565 341*88

　パヤオ直売店販售的漁產以泡瀨漁港近海捕撈的生鮮漁獲為主，也可以買到漁產加工品以及各種下飯小菜，在一側的食堂提供了豐盛的定食菜單，其中超人氣的就是龍蝦套餐，肉質紮實有彈性，鋪上海膽醬燒烤的龍蝦更顯滋味鮮美豐富。

除了龍蝦，也有較為平價的生魚片可點，讓人回味無窮的美味。

走一趟南洋風情滿溢的主題公園，
享受被亞熱帶雨林包圍的自然氛圍。

 MAP P.116 Bios之丘

耗時十餘年整建而成的Bios之丘，依循地勢與原生植物，創造出充滿自然氛圍的美麗亞熱帶森林，相當適合親子同遊。在這裡，你可以尋找樹蔭下生長的蘭花、在清澄湖面上泛舟悠遊、穿梭筆筒樹林間或平躺在開闊草地上，用自己最喜歡的方式，體感沖繩自然風情。

🚗石川IC開車約7公里 🏠うるま市石川嘉手苅961-30 ☎098-965-3400 休週二 💲入園+乘船：國中生以上￥1,800，4歲~小學生￥900 🌐www.bios-hill.co.jp 🅿130個 Ⓜ206 005 263

豐富的植物讓人目不暇給

一邊聊天，一邊在牛車上搖晃前行，讓人遙想起古老沖繩的生活步調。

乘船繞行園內最大的主要湖泊大龍池，是很受歡迎的園內行程。

林間有幾座大大的鞦韆，很受大小遊客的歡迎，尤其是面對綾舟場的一面：懸空盪起，腳下就是美麗的湖水風景。

MAP P.116 東南植物樂園

由宜蘭人李堅所創的東南植物樂園，在2013年以「三代共訪、兼具的娛樂、學習交流與生命復甦的度假村」為主旨重新開業，園內可以漫步欣賞3000種以上的亞熱帶植物，也可以品嚐各種時蔬料理，或在池畔及草地上悠閒打發一個午後，感受植物與自然之美。

🚗沖繩北IC開車約2公里；巴士「農民研修センター前」站下車徒步約20分、或計程車3分鐘。 🏠沖繩市知花2146 ☎098-939-2555 ⏰9:00~22:00(入園至21:30)。詳細時間依各設施而異。 💲白日券大人￥1,540、高中生￥1,050、中小學生￥600。(另有夜間券及全日券) 🌐www.southeast-botanical.jp

本島中部：東海岸

擁抱大自然體驗最沖繩的沖繩

本島北部
Northern Okinawa

邊戶岬

今歸仁城跡　古宇利島　　山原國立公園

海洋博公園

　　　　　　　　　鹽屋灣

瀨底島　　　　屋我地島

　名護鳳梨園

名護城公園　**本島
北部**

萬座毛　部瀨明海
　　　中公園

真榮田岬

著名的西海岸以北皆屬於沖繩本島北部地區，本部、名護兩座觀光大城都在範圍之內，熱門景點不僅有大人小孩都愛的美麗海水族館，今歸仁城跡、萬座毛等也都是必訪名勝。北部純樸的風景與氣息吸引無數旅人，還可以利用跨海大橋到周遭的離島一遊，非常適合待上個一兩天慢慢遊玩。

王牌景點 10

沖繩人氣No.1觀光景點！沒來過海洋博公園，別說你到過沖繩！

造訪海洋博公園理由

1. 多數設施免費參觀
2. 高人氣美麗海水族館所在地
3. 飽覽人文與自然景觀

 佔地廣闊的海洋博公園非常適合帶小朋友來，特別是免費的海豚表演超吸睛！

至少預留時間
美麗海水族館
2~3小時
玩遍整個園區
1天

MAP P.123

海洋博公園

かいようばくこうえんしゅうへん／Around Ocean Expo Park

1975年時國際海洋博覽會的舉辦會場，之後改建成佔地廣闊的國營紀念公園，單單去年度入園人數就多達488萬人次，逐年創下造訪人次紀錄，可見其受歡迎的程度。除了吸引眾多遊客的沖繩美麗海水族館位於園區內，公園內還有海豚劇場、熱帶植物園、沖繩鄉土村、海洋文化館‧天文館等各種人文與自然設施，大部分都是免費的唷。

🏠 國頭郡本部町石川424
📞 0980-48-2741
🕐 10~2月8:00~18:00，3~9月8:00~19:30，依設施而異。
🌙 12月第一個週三、四
💲 免費
🌐 oki-park.jp
🅿 公園內共有9處停車場，全部免費。
🗺 553 075 409(中央入口)

◎那霸機場國際線航廈巴士站或那霸巴士總站搭乘高速巴士117號，在「記念公園前」站下車即可。
◎那霸巴士總站搭乘20、111、120號巴士，在「名護バスターミナル」站下車，轉乘65、66、70號巴士於「記念公園前」站下車即達。

掃地圖

DO YOU KNOW

花火大會私房觀賞景點

有名額限制的翡翠海灘，導致每年有許多人無緣進場欣賞煙火，因此也衍生出各種「私房觀賞景點」，例如花人達、備瀨福木林道海岸等，甚至連海洋博公園前的超商Lawson也被列入最佳觀賞地點。

遊園巴士

烈日下在廣達70公頃的海洋博公園步行也許太過辛苦，幸好園方有準備定點循環的遊園巴士，讓遊客可以輕鬆往返各景點間。依照前往地點的不同，遊園車共有3種路線、11個停靠站，以約10~20分的間隔來回運行。
⑤小學生以上1次￥300、1日券￥500
❶分為「水族館路線」、「水族館·熱帶夢幻中心路線」及「園內周遊路線」

花火大會

號稱沖繩最受矚目的煙火大會，約在7月的第三個星期六於海洋博公園的翡翠海灘舉辦，據悉，海洋博花火大會每年都會吸引4萬多人前往共襄盛舉。然而翡翠海灘的入場名額僅2萬人，活動當天上午8時開始發放號碼牌，發完為止。

沖繩美麗海水族館是海洋博公園內最有名的景點，可以在世界最大的水槽前看著鯨鯊、鬼蝠魟和色彩鮮豔的魚群悠遊其中。

善用觀光巴士
如果不是自駕，又想一天串聯美麗海水族館、今歸仁城跡、古宇利島等熱門景點，可以善用當地的觀光巴士行程，依路線不同費用約在5000~7000日圓左右，詳細資訊請見P.012

還有鄰近的備瀨福木林道，在樹影中信步遊走、欣賞聚落風景，最能體會島嶼的悠閒時間。

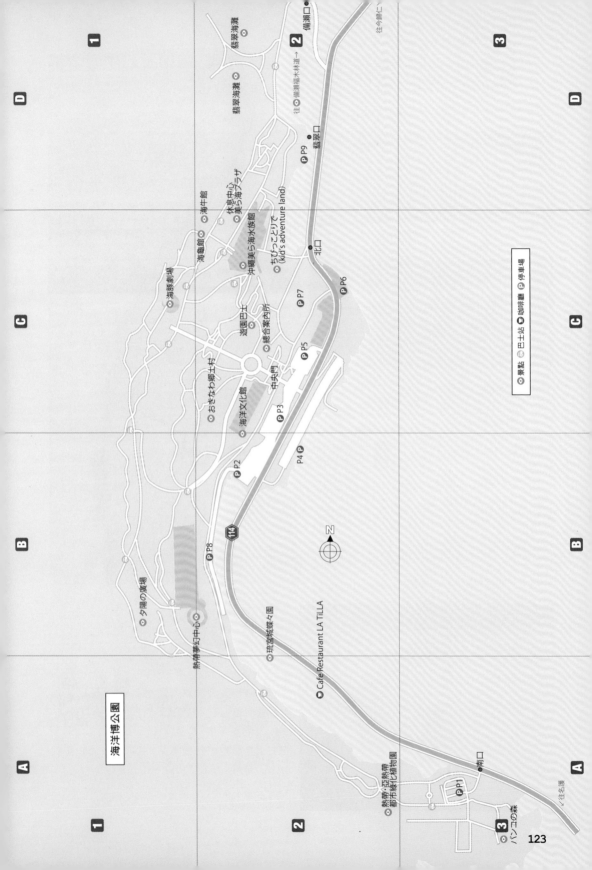

海洋博公園

夕陽の廣場

熱帯夢幻中心

おきなわ郷土村

海豚劇場

海亀館

海牛館

休息中心
美ら海プラザ

ちびっことりで
(kid's adventure land)

沖縄美ら海水族館

P P2

海洋文化館

遊園巴士

總合案内所

中央門

P P3

P4 P

P P5

P P7

P P6

北口

琉宮城蝶々園

Cafe Restaurant LA TiLLA

P P8

114

熱帯・亜熱帯
都市綠化植物園

南口

P P1

パンコの森

翡翠海灘

翡翠海灘

P P9

翡翠

備瀬口

住◎備瀬福木林道→

往今歸仁

往名護

N

● 景點　⑤ 巴士站　◎ 咖啡廳　Ｐ 停車場

公園內的海豚表演、美麗海灘、熱帶夢幻中心全都值得一遊！

相當難得的免費海豚表演劇場

海豚劇場
MAP P.123 C1

🐬美麗海水族館步行約5分

🕐10:30、11:30、13:00、15:00、17:00，每次20分。　💲免費

掃地圖

　新落成的表演場地，半開放的空間可以望見碧藍海洋和沖繩北部的象徵「伊江島」；表演池中活潑的瓶鼻海豚和伶俐的擬虎鯨輪番上陣，表演唱歌、跳舞、頂球、跳水等把戲，聰明可愛的模樣，讓觀眾讚嘆不已。

海牛館
MAP P.123 C2

🐬美麗海水族館步行約5分　💲免費

掃地圖

　這些體型龐大的草食動物可以長達4.5公尺，住在海牛館裡的海牛有兩隻男生、兩隻女生，平常的主食是萵苣和各種水草，溫馴的表情和緩慢游泳的慵懶姿態相當可愛。

傳說中美人魚的原型就是圓圓胖胖的海牛。

MAP P.123 D2 翡翠海灘

◐美麗海水族館步行約7分 ◔4~10月，游泳8:30~19:00（10月至17:30）。 ⑤免費游泳、淋浴，寄物櫃¥100/1次。

掃地圖

入選日本海水浴場百選之一，名為翡翠的海灘水色澄綠，沙灘潔白，海灘分為「遊之浜」、「憩之浜」和「眺之浜」三個區域，廣闊的沙灘可以容納3000人，也是沖繩少數的免費海灘之一。

MAP P.123 C2 海龜館

◐美麗海水族館步行約5分 ⑤免費

掃地圖

玳瑁、赤蠵龜、綠蠵龜等5種沖繩近海海龜們的家，兩層的展場設計讓觀眾可以從水面上和水中看見可愛的海龜們。天氣晴朗時，在水中曬著太陽、邊揮動著四肢游泳的大海龜們，令人看了就開心，每年海龜們也會在旁設的小沙灘上產卵。

以植物鮮豔色彩構築出的夢幻世界，是公園內除了「海」以外，屬於大地的繽紛魅力。

MAP P.123 B1 熱帶夢幻中心

◐美麗海水族館步行約15分 ◔10~2月8:30~17:30、3~9月8:30~19:00，入園至閉館前30分。 ⑤大人¥760、中學生以下免費。出示美麗海水族館門票有半價優待。

掃地圖

名為熱帶夢幻中心的植物園擁有世界最大的溫室群，種植著2000株以上的美麗蘭花、各種熱帶、亞熱帶植物和奇妙果樹。輪番綻放的各色花朵與高大樹木令人感覺心情平靜，舊紅磚砌成的牆垣走道、螺旋型展望塔、風中庭園和池水，交織出靜謐而夢幻的空間氣氛。

本島北部：海洋博公園

125

沖繩美麗海水族館

參觀人數累計突破2000萬人次的沖繩美麗海水族館,是全日本最受歡迎的水族館。館內參觀動線與海洋的深度相呼應;從3樓的珊瑚大廳入場後,可以從深度最淺的礁湖開始,一路走訪愈來愈深的水域,欣賞沖繩近海740種、21000隻以上的美麗魚群。

- 位在海洋博公園內
- 0980-48-3748
- 10～2月8:30～18:30(入館至17:30)、3～9月8:30～20:00(入館至19:00)
- 設施檢修日
- 大人¥2,180、高中生¥1,140、中小學生¥710;16:00以後入場票價約打7折,大人¥1,510、高中生¥1,000、中小學生¥490。6歲以下免費
- churaumi.okinawa
- 免費,北口的P7停車場最靠近水族館。
- 掃地圖
- 553 075 797

DO YOU KNOW

冠以「美麗」之名,水族館名的寓意

沖繩美麗海水族館的日文是「沖繩美ら海水族館」,其中「美ら」是沖繩方言中的「美麗」之意,當初水族館改建時從日本各地募集名稱,最後選定了「美ら」一詞,不只是因為方言感覺親近又好記,更希望讓遊客感受到屬於沖繩的個性,巧妙選擇也造就了今日大名鼎鼎的「美麗海」。

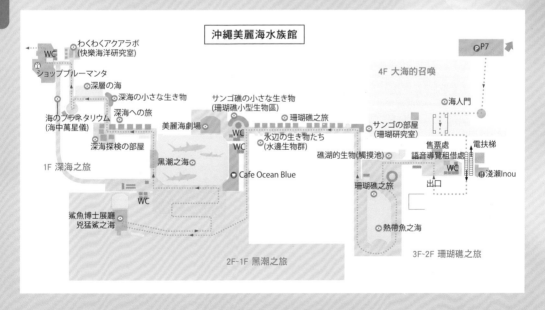

沖繩美麗海水族館

- わくわくアクアラボ(快樂海洋研究室)
- ショップブルーマンタ
- 深層の海
- 深海の小さな生き物
- サンゴ礁の小さな生き物(珊瑚礁小型生物區)
- 珊瑚礁之旅
- サンゴの部屋(珊瑚研究室)
- 海の プラネタリウム(海中萬星儀)
- 深海への旅
- 美麗海劇場
- 水辺の生き物たち(水邊生物群)
- 深海探検の部屋
- 黑潮之海
- 礁湖的生物(觸摸池)
- 1F 深海之旅
- Cafe Ocean Blue
- 珊瑚礁之旅
- 鯊魚博士展廳 兇猛鯊之海
- 熱帶魚之海
- 2F-1F 黑潮之旅
- 3F-2F 珊瑚礁之旅
- P7
- 4F 大海的召喚
- 海人門
- 售票處
- 語音導覽租借處
- 電扶梯
- 出口
- 淺瀨Inou
- WC

深層之海

⌂美麗海水族館1F 深海之旅

光線特別調暗的深層之海區，住著海底200公尺深處的深海魚，可以在這裡一窺充滿神秘感的深海世界。除了各種深海魚和稀有的珊瑚礁外，同位於深層之海區的海中萬象儀，更以近乎全暗的空間，讓觀眾可以看見深海發光魚和螢光珊瑚發光的樣貌。

鯊魚博士展廳

⌂美麗海水族館2~1F 黑潮之旅

鯊魚博士展廳裡靜態展示著館內關於鯊魚的研究資料，可以穿過鯊魚的大口實際感受牠的嘴巴有多大，得以觸摸的各種鯊魚皮、以切塊斷面的方式介紹的鯊魚也很有趣。旁邊的兇猛鯊之海，住著因為太過凶惡、無法和其他魚群一起生活的危險鯊魚們。

Cafe Ocean Blue

⌂美麗海水族館2~1F 黑潮之旅

⏰8:30~18:00(3~9月至19:30)，店餐至打烊前30分。

⚠水槽邊座位須加費¥500/40分

位於黑潮之海旁的咖啡廳，座位就在10公尺高水槽的正旁邊，透過海水，咖啡店裡籠罩著夢幻的奇妙藍光。這裡最大的賣點，就是可以一邊喝著咖啡，一邊看著鯨鯊和魚群在身旁游動。

黑潮之海

⌂美麗海水族館2~1F 黑潮之旅

水族館最知名的景點黑潮之海位於2樓至1樓的展區內，高10公尺、寬35公尺、長27公尺的超大型水槽是全世界最大的水族箱，大小是專為裡頭3隻有著可愛斑點的鯨鯊所量身打造。

現場站在水槽前，看著巨大的鯨鯊和魟魚穿梭其間，不管之前看過多少次介紹與照片，還是會感受到壓倒性的震撼與感動。

觸碰海洋生物時記得溫柔一點

珊瑚礁之旅

⌂美麗海水族館3~2F 珊瑚礁之旅

總共分為30個獨立水槽的珊瑚礁之旅，飼養著生活在沖繩珊瑚礁地區的各種魚群。這裡住著一些特別可愛的小魚：包括很受小朋友喜歡的海葵和小丑魚、亮粉紅色的小魚ハナゴイ(漢字為「花鯉」)，還有像小蛇般從砂裡探出半個身子的花園鰻，每一種都有著討喜的外表。

熱帶魚之海

⌂美麗海水族館3~2F 珊瑚礁之旅

從珊瑚礁到沙灘，水缸裡再現了沖繩多變的近海地形，裡頭居住著沖繩本地約200多種熱帶魚，在天然陽光和流動海水的照拂下，鮮黃、黑條紋、橘紅、碧綠等各種顏色鮮豔的小魚們穿梭其間，好不熱鬧。

礁湖的生物

⌂美麗海水族館3~2F 珊瑚礁之旅

小小的礁湖內重現了被珊瑚礁圍繞的潟湖生態，在這裡可以親手摸摸看顏色亮麗的藍指海星、胖嘟嘟的饅頭海星、滑溜溜的海參和小型熱帶魚等生活在淺海的海中生物。記得別把生物們拿離開水面，牠們才能活得健健康康的唷！

延伸景點

逛完海洋博公園若有時間，挑個景點一起玩吧！

 MAP P.128 備瀨福木林道

400多年前成立的備瀨聚落，利用福木作為家戶以及街道之間的區隔，福木具有防風林的作用，保護臨海聚落不被強風侵襲，數百年來，福木形成了一條條的綠色隧道，行走其間，陽光自樹葉的間隙流洩而下，煞是美麗。

🚗許田IC開車約29公里 🏠本部町備瀨389 ☎0980-47-3641(本部町觀光協會) 🌐www.motobu-ka.com/ ❗聚落內巷道非常狹窄，建議將車子停在外圍的免費停車場後徒步參觀。 🗺553 105 654*77

穿越狹窄的小徑，眼前就是寬闊的海洋，還能遙望遠處海上的伊江島。

 **MAP P.128 瀨底海灘**

據傳瀨底海灘是沖繩海水透明度第一的秘境海灘。厚而溫暖的白色沙灘上氣氛安靜，人潮並不多，不遠處海中點綴的小島則是伊江島和水納島。連接本島與瀨底島的瀨底大橋，則因距離海面較高，而有著絕佳的視野。

🚗許田IC開車約25公里；許田IC開車約25公里；從名護搭乘76號巴士或YKB四島線，但都班次很少。 🏠本部町瀨底5750 ☎0980-47-7000、0980-47-2368 ⏰9:00~17:00 ⓧ11~3月 💰入場免費，淋浴(溫水)¥500、置物櫃¥200。 🌐www.sesokobeach.jp 🅿¥1000/日 ❗前往瀨底海灘必須先停在稍遠的停車場，再徒步約10~15分前往。

海洋博周邊

Cafe CHAHAYABULAN
琉球古民家 ちゃんや～
備瀨福木林道
沖繩美ら海水族館
紀念公園前
海洋博公園
民謡居酒屋 ちゃんぷるー
今帰仁の宿 ハイビスカス
今帰仁城跡入口
今帰仁村歴史文化center
今帰仁城跡
今帰仁村
本部半島
花人逢
新垣ぜんざい屋
藍風
岸本食堂 八重山店
瀨底海灘 瀨底大橋
本部町
紅型工房べにきち
Four Rooms
瀨底島
往水納島

◎景點 🚏巴士站
🏠飯店 ☕咖啡廳
🍜麵食 🍡和菓子
🍴餐廳 🛍購物

 MAP P.128 今歸仁城跡

琉球王國統一之前北山國王的都城，六層綿延層疊的城郭規模之大媲美首里城，還擁有「攻不落城」的豪壯稱號，於2000年登錄為世界遺產。沿著石級可以一路前往都城中心，簡單的木牌標示出當年正殿、御嶽等重要場所的位置，附近的歷史文化中心則展出考古挖掘出的各種遺物。

🚗許田IC開車約27公里；從「名護BT」站搭乘65、66號巴士在「今歸仁城跡入口」站徒步15分。 🏠今帰仁村今泊5101 ☎0980-56-4400 ⏰8:00~18:00，5~8月~19:00 💰大人¥600、中高學生¥450、小學以下免費 🌐nakijinjoseki.jp 🅿320個，免費 🗺553 081 557

從今歸仁城跡眺望沖繩北部秀麗山海

本島北部：海洋博公園

相傳在很久很久以前，有一對男女降生在古宇利島上，
而這兩個人正是琉球人的起源……

全島面積只有3.13平方公里的古宇利島，擁有優美的自然海洋風光。

本島北部：古宇利島

造訪古宇利島理由

① 「嵐」廣告拍攝場景

② 大橋、島嶼、海灘，一覽無遺

③ 距離美麗海水族館僅30分鐘車程

至少預留時間
開車環島一周
15~20分
下車採點吃美食
半天~一天

MAP
P.131

古宇利島
こうりじま／Kouri Island

從那霸市區開車約1小時30分

掃地圖

　古宇利島隸屬於今歸仁村，這裡有著沖繩本島最清澈的海水，相傳這座島就是琉球人的起源之地，島上留有沖繩版「亞當與夏娃」的故事，也因此被稱作「神之島」、「戀之島」，至今仍是重要的信仰之地。傑尼斯團體「嵐」在這裡拍攝廣告之後，更是讓古宇利島聲名大噪，成為沖繩北部的必訪景點。

DO YOU KNOW

古宇利島以前叫「戀島」

古宇利島上除了有美麗的海洋景觀、心型礁石以及「亞當夏娃」的神話故事外，連名字的起源都十分浪漫。據傳古宇利島的舊稱為「戀島 (koijima)」，由於發音相似，逐漸演變為「くい島 (kuijima)」，最後才發展為現今的「古宇利島 (korijima)」。

👉 有此一說～

相傳沖繩版的亞當與夏娃最初是在Chigunu海灘(チグヌ浜)的礁石洞穴裡生活，位置大概是在古宇利港附近。這裡還有座「天降世立口世ヌ火神」石碑，傳說是火神降臨的地點，每年都會在此舉行祭祀活動。

從前要前往古宇利島只能搭船，古宇利大橋興建之後吸引不少人前來。

怎麼玩古宇利島才聰明？

順時針環島

古宇利島外圈有條環島道路，繞行一圈約20分鐘左右，是遊覽古宇利島的最佳路線，特別建議以順時針繞行，才能欣賞到古宇利大橋由遠而近的景色喔！另外，島中央為當地居民生活的區域，盡量以不前往打擾為原則。

心型礁岩

來到古宇利島北側，順著指標往下走，很快就能來到ティーヌ浜，而兩塊菫狀岩「心型礁岩」即佇立在蔚藍的淺海上。在嵐的廣告詞中說道，當兩塊岩石重疊時就能看到愛心。如果捕捉到心型礁岩的完美角度，也許心中所期待的戀情就會實現唷！

大橋南詰展望所

從此地可以更近的距離欣賞古宇利島、古宇利大橋，將海灘、島嶼、大橋一次盡收眼底，遼闊又別具震撼力的風景讓人讚嘆，天氣好時絕對會吸引人拍下許多照片。
ⓟ 約10幾個、免費
🗺 485 601 832*80

遊玩重點

來去古宇利島轉一圈～
探索沖繩「神之島」的無限魅力

© 美らテラス

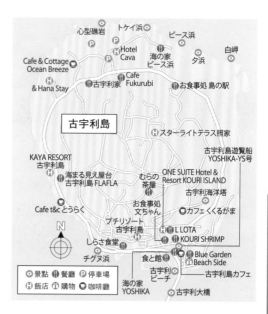

古宇利島

心型礁岩　トケイ浜　ピース浜　白岬
Cafe & Cottage Ocean Breeze & Hana Stay
Hotel Cava
海の家 ピース浜　夕浜
古宇利家　Cafe Fukurubi　お食事処 島の駅
スターライトテラス照家
KAYA RESORT 古宇利島　古宇利島遊覽船 YOSHIKA-YS号
海まる見え屋台 古宇利島 FLAFLA　ONE SUITE Hotel & Resort KOURI ISLAND
むらの茶屋　古宇利海洋塔
Cafe t&c とうらく　お食事処 文ちゃん　カフェくくるがま
プチリゾート 古宇利島　L LOTA
しらさ食堂　KOURI SHRIMP
チグヌ浜　Blue Garden Beach Side
食と館　古宇利ビーチ　古宇利島カフェ
海の家 YOSHIKA　古宇利大橋

◎ 景點　⊙ 餐廳　Ⓟ 停車場
Ⓗ 飯店　◎ 購物　☕ 咖啡廳

從設施後方還可以欣賞古宇利島的正面景色，小島與大海的風景非常秀麗。

美らテラス

MAP P.131

🚗 許田IC開車約26公里　📍 名護市字濟井出大堂1311　📞 0980-52-8082
🕐 11:00~18:00，夏季10:30~18:00
churaterrace.com　🗺 485 601 800*51

❗ 2023年初部分重整，最新活動或餐飲請上網確認

　　抵達古宇利島大橋之前，不妨先到位在橋左側的這處休息站，美らテラス裡有自行車出租，可以遊覽周邊景點。

掃地圖

古宇利大橋

MAP P.131

🚗 許田IC開車約26公里　📍 今帰仁村古宇利　🗺 485 632 635*10

掃地圖

　　從本部半島開車，可以經過屋我地島、前往古宇利島，沿路上是寧靜無人的鄉間風景，點綴海中的幾座小島襯著蔚藍晴天與無邊海洋，美得如詩如畫，驅車穿越碧藍海水，還真會感覺豁然開朗，心中一陣爽快。

沖繩最令人嚮往的開車兜風路線之一，也是全日本數一數二長的不收費橋。

MAP P.131 古宇利海洋塔

🚗古宇利島大橋旁停車場開車約1公里
🏠今帰仁村古宇利538 📞0980-56-
1616 🕐10:00~17:00、五&週末&例假
日~18:00 ㊡颱風等惡劣天候時不定休
💰大人¥1,000、6~15歲¥500、小學以下免費 🅿200個
🌐www.kouri-oceantower.com 🗺485 693 513*16

掃地圖

　　古宇利塔位於古宇利島的最高處，海拔82m，1
樓為古宇利島歷史資料館，2、3樓則是室內展望樓
層，屋頂則有甲板露台，能夠一覽連接古宇利島
及沖繩本島的古宇利大橋。沿途有著茂盛亞熱帶
植物的庭園，旅客可一邊欣賞亞熱帶風情林園，一
邊遠眺湛藍的海景，享受古宇利的美妙。

還有貝殼博物館，可以看到
各種形狀的貝殼。

前往古宇利塔的方式十分特
別，必須搭乘無人的自動車
前往入口

古宇利海灘位於古宇利大橋兩側，
雖然海灘被大橋分為兩側，但實際上橋下
仍是互相連接的。

MAP P.131 古宇利海灘

🚗過古宇利大橋即達 🏠今帰仁村古宇
利 🗺485 662 803*47 ❶島上也提供
免費停車場，下車後徒步3分鐘即可到達
海灘。

掃地圖

　　古宇利海灘的海水清澈，海灘砂質細軟，且沙灘
遠淺浪小，非常適合親子戲水。如果只是想要泡
泡水、踏踏浪，也可以選擇租一頂陽傘或是沙灘
躺椅，悠閒享受海邊風光。

擁抱古宇利大橋和豪華海景，品嚐人氣蝦蝦飯、法式下午茶，成為古宇利島「懂吃」達人～

KOURI SHRIMP
海鮮飯

🏠 今帰仁村古宇利314

must eat!
Original Garlic
Shrimp plate
（原味蒜蓉蝦套餐）
¥1,300
推薦菜

來到古宇利島，千萬不能錯過超人氣的蝦蝦飯餐車KOURI SHRIMP！這台白色餐車販售著各式風味的蒜蓉蝦套餐，鮮美多汁的蝦肉搭配紅薯片、沖繩苦瓜及飽滿的白飯，美味得讓人忍不住一口接一口，另外也有古宇利產烤海螺可享用，喜歡沖繩海鮮美食的話一定要來品嚐看看。

📍P.131 🚗古宇利島大橋旁停車場開車約300公尺 ⏰11:00～17:00
☎0980-56-1242 ❌不定休
lovesokinawa.co.jp/ Ⓟ有專用停車場

[Map QR code]

滋味濃郁的大隻新鮮蝦子搭配白飯，美妙滋味吸引遊客朝聖。

小小的美式餐車為沖繩點上了些許夏威夷風情

©One Suite

©One Suite

午茶時間的法式吐司也很誘人

本島北部：古宇利島

L LOTA
景觀法式餐廳

🏠 今帰仁村古宇利466-1

must eat!
L Lota法式吐司
¥1,400
推薦菜

L LOTA是古宇利島上的精緻餐廳，這裡提供法式餐點，午餐時間的農園沙拉大量運用了當地生產的季節蔬菜，吃得到蔬果最當季的滋味，也有經典的馬賽魚湯，限產海鮮、大蝦、淡菜的鮮甜濃縮其中，用麵包吸取湯汁，最能吃出美味。坐在餐廳裡，一邊享用精緻餐點，一邊欣賞窗外大片的古宇利風光，可以說是古宇利島上最奢侈的享受了。

📍P.131 🚗古宇利島大橋旁停車場開車約650公尺 ☎0980-51-5031
⏰12:00～16:00(L.O.15:00) ❌週四 Ⓟ有
llota.okinawa.jp 🗺485 692 291*27

[Map QR code]

串·聯·行·程 山原

許多人到沖繩遊玩，最北就只到本部半島，其實還有國頭村、大宜味村等地，這片沖繩最北的土地被稱作「山原(やんばる)」地區，以山地、森林等自然景觀聞名，觀光客較少造訪這一帶，但其實這裡也有幾處值得一訪的壯麗景點，時間充裕的話不妨探索山原地區，擴張旅遊地圖。

從古宇利島經縣道110號、國道58號，約30分車程可達山原地區南端的鹽屋灣
從那霸機場開車約1小時40分可達鹽屋灣

本島北部：古宇利島

想要一覽鹽屋灣的秀麗，到「六田原展望台」就能看到最美的角度喔。

鹽屋灣
MAP P.135 A3

info
🚗許田IC開車約25公里　🏠大宜味村字塩屋
🅿485 615 068*44(六田原展望台)

鹽屋灣位在大宜味村，因為出海口處有宮城島鎮守，這一座海灣總是風平浪靜，也因此過去水產養殖業十分興盛。鹽屋灣寧靜的海水，與周遭圍繞的綠色山丘彼此襯托，被譽為沖繩八景之一，從灣口的鹽屋灣大橋開車兜風，就能欣賞到鹽屋灣的景色了。

鹽屋灣海神祭
每年盂蘭盆節後舉行的海神祭已有約500年歷史，是當地祈求五穀豐收、無病息災的重要行事，已被列入日本的國家重要無形民俗文化遺產。祭典會在海灣沿岸村落舉行，由女性祭司主持，供奉祭品感謝大海，同時也敬拜山神，在屋古的祭拜儀式結束之後，會轉到鹽屋舉行祈願龍舟競賽，熱烈的氛圍是祭典的重頭戲。
❗祭神儀式不開放參觀，但可觀賞龍舟競賽

大石林山
MAP P.135 C1

由石灰岩地形造就的險峻山林擁有2億年歲月，在2016年9月被指定為沖繩縣立的「山原國立公園」。

info
🚗許田IC開車約56公里　🏠国頭郡国頭村宜名真1241　☎0980-41-8117
🕐9:30~17:30 (16:30最後入場)　💰大人¥1200、小孩¥550、65歲以上¥900　www.sekirinzan.com　🅿80個，免費　🗺728 675 895*56

大石林山是相當有名的能量景點，據說琉球創世之神「阿摩美久」最先創造的就是大石林山所在的「安須杜」，故此地自古以來就是當地人的聖地。進到園內，可以依照不同散步路線，欣賞大石林山的奇岩巨石、巨大的亞熱帶植物，遠眺邊戶岬的壯麗風景。

茅打斷崖
MAP P.135 C1

info
🚗許田IC開車約54公里
🏠国頭郡国頭村字宜名真　☎0980-41-2101(国頭村企画商工観光課)　kunigami-kikakukanko.com/itiran/05.html　🅿有，免費　❗周邊僅有木製圍欄，請特別注意安全。　🗺728 675 030*01

茅打斷崖約有80公尺高，往下仔細看的話，還可以看到海中的珊瑚礁或是魚群，從這裡可以一望廣闊深藍的大海，晴朗時還能夠望到伊平屋島與伊是名島。

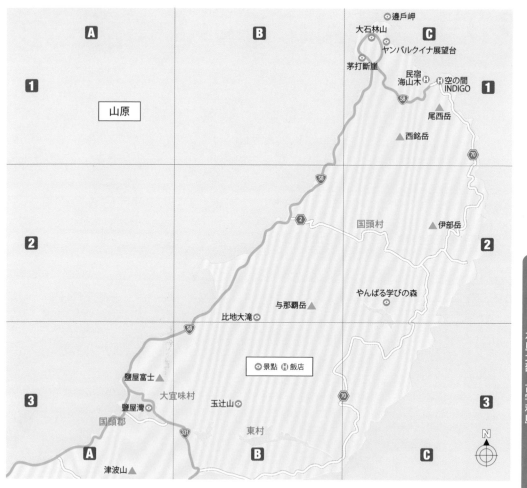

山原

邊戶岬
大石林山
ヤンバルクイナ展望台
茅打断崖
民宿 空の間
海山木 INDIGO
尾西岳
西銘岳
国頭村
伊部岳
やんばる学びの森
与那覇岳
比地大滝
○景點 ⓗ飯店
盬屋富士
大宜味村
玉辻山
盬屋灣
国頭郡
東村
N
津波山

MAP
P.135
C1

邊戶岬

---

info

🚗許田IC開車約56公里，1小時10分左右。 🏠国
頭郡国頭村辺戸973 ☎0980-41-2101(国頭村企
画商工観光課) 🌐kunigami-kikakukanko.
com/itiran/06.html 🅿60個，免費 🗺728 736
142 ❶斷崖邊並沒有設立護欄，在周邊拍照、賞
景需特別注意安全。

　邊戶岬是沖繩最北的景點，這一大片奇
形怪狀的海岬是由隆起的珊瑚礁形成，
沿著散步步道前行，可以看到低矮的海
岸植物，濃密的綠地與周邊的大片汪洋

彷彿被大海擁抱般
的景色

掃地圖

輕
鬆
遊
覽
景
色
。

散
步
道
十
分
平
緩
，
可
以

形成美景，這裡設有望遠鏡，不僅天氣好
時可以眺望鹿兒島縣的與論島，據說1~4
月還有機會眺望到座頭鯨的身影呢。

名護為沖繩北部最大的城市，吃喝玩買一應具全，
平價住宿選擇也多，可以玩上好幾天～

名護市的21世紀之森海灘是
一座廣大的人工海灘，沒有
太多人潮，可悠閒享受海邊風
光，這裡還有許多寄居蟹喔！

本島北部：名護

至少預留時間
名護城公園：1~2小時
啤酒工廠：1小時
其他主題公園：1~2小時

◎ 從那霸機場開車約1小時10分
◎ 沖繩巴士：聯絡那霸市區與
本部的高速巴士，可從那霸機場
搭乘111、117、120路線至「名護
BT」，111、117也有到海洋博停
靠。從那霸BT搭乘20、77路線也
可至「名護BT」。

掃地圖

MAP
P.138

名護
なご／Nago

本部半島與西海岸交界的名護市，可說是本島北部的玄關口，成為造
訪美麗海水族館、古宇利島等熱門景點的必經之地。而名護同時為熱鬧
的大城市，以市中心的屏風大榕樹為象徵，美食、購物中心、景點齊聚，
除了知名的Orion啤酒工廠，更有大大小小適合親子遊的主題公園喔！

造訪名護理由

① 品嚐新鮮釀造的 Orion啤酒

② 日本最早櫻花季，春節假期必GO！

③ 多樣化主題公園溜小孩

與日本常見的粉白色染井吉野櫻不同，沖繩地區最常見的品種是寒緋櫻，顏色更為鮮艷粉紅。

©名護市

名護城曾是14世紀的名護按司的居住地，城跡保存下來的部分並不多，所在地現已整建成為名護城公園。

DO YOU KNOW

日本最早櫻花季

氣候溫暖的沖繩是日本全國最早迎接櫻花季的地區，相較於日本本島3、4月起才慢慢開始開花，沖繩大約在1月中就能搶先看見櫻花綻放的蹤跡，其中又以名護櫻花祭最為有名。有趣的是，沖繩櫻前線與日本本州相反，是由北往南開花。

名護櫻花祭

©名護公園

名護城公園以全日本最早舉行的櫻花祭聞名，每年1月下旬，人潮穿梭於盛開的寒緋櫻枝頭下，是名護中央公園最熱鬧的時候；園內的瞭望台則可以眺望名護市景。名護城公園還是沖繩唯一的櫻花百選景點呢！
◗ 櫻花祭約在1月下旬舉辦，2020年為1月25~26日

一覽名護美景

©名護公園

位在名護城公園境內的旅客中心Subaco，透過大片窗戶就可以輕鬆欣賞名護的美景，尤其是天氣晴朗時，公園的大片綠意、市區街道的建築色彩、遠方層次鮮明的大海，一次盡收眼底。

大人必訪啤酒工廠

到沖繩絕不能錯過Orion啤酒，要是喜歡啤酒的話，更不能錯過觀光工廠。免費參觀的觀光工廠，除了認識啤酒的歷史、製造方式等知識外，還可以免費喝到剛釀造的生啤酒，就算不喝酒也有其他軟性飲料可以選擇喔！

除了大人最愛的**啤酒工廠**外，
鳳梨園等各式主題公園，保證讓小人兒玩翻天～

MAP P.138 B2　Orion啤酒名護工廠

🚗許田IC開車約7公里　📍名護市東江
2-2-1　📞0980-54-4103　🔸

掃地圖

9:00~17:00，工廠見學10:00~16:00(每
整點1次) 🚫三、四，12/3~1/3
💰免費參觀　🌐www.orionbeer.co.jp/
happypark 🚹可以現場登記
等候，但最好事先以電話預約
(說明人數及日期即可)。 🅿️15
個 🗺206 598 867*32

清爽的口味和綿細的泡沫，最適合本地炎熱的夏季。

98%內銷沖繩的地產啤酒
Orion，是來這裡不可錯過
的獨特名產之一！Orion啤酒
名護工廠平時開放給一般民
眾參觀，除了可透過約40分
的導覽，了解Orion啤酒的

誕生、發展與製作過程，最
後還有杯透心涼的Orion啤酒
可以免費試喝。

本島北部：名護

名護

🔘ハコニワ
🔘DINO恐竜PARK やんばる
　亜熱帯の森
奧武島

🍜中山そば

72　84

🍜むかしむかし

大家🍴

🍴OKINAWA水果樂園
🍴名護鳳梨園
Neo Park Okinawa

58

Pain de Kaito

X-trip

🏨スーパーホテル沖縄名護

名護

名護巴士總站

カレーの店 たんぽぽ🍴

🔘名護城跡

orion啤酒
名護工廠

Seaside Cafe BlueTrip🍴

往許田IC↓ 58　329 ↘往金武

🔘景點		🚌巴士站
🏨飯店		☕咖啡廳
🍜麵食		🍡和菓子
🍴餐廳		🛍購物
🔘甜點		

名護鳳梨園
MAP P.138 A1

🚗許田IC開車約12公里 📍名護市為又1195 ☎0980-53-3659 🕐平日10:00~17:00、週末例假日~18:00(最終入場閉園前30分) 💲大人¥1,200、4~15歲¥600、4歲以下免費 🌐www.nagopine.com/ 🅿200個，免費 📠206 716 467*85

以鳳梨為主題，名護鳳梨園從入口的鳳梨像開始，到園內展覽、自動遊園車，到處都是鳳梨的身影，這裡其實是鳳梨的觀光工廠，園區內除了寬廣的鳳梨田，還有一大片植物園，可以看到色澤飽滿的大片綠葉、紅花，洋溢著鮮明的熱帶風情。伴手禮商店中數量限定的鳳梨霜淇淋，很值得一嚐。

可以選擇搭乘遊園車或從天空步道遊覽園內

闖關時還可以欣賞水果、蝴蝶、鳥等不同園區。

本島北部：名護

OKINAWA 水果樂園
MAP P.138 A1

🚗許田IC開車約13公里 📍名護市為又1220-71 ☎0980-52-1568 🕐10:00~17:00(最後入園16:30) 💲高中以上¥1,200、4歲以上¥600 🌐www.okinawa-fruitsland.com/ 🅿200個，免費 📠206 716 584*13

園方巧妙加入故事情節，讓這裡變成體驗式闖關樂園。在故事《Tropical Kingdom》中，這座熱帶王國的國王被妖精抓走了，遊客需要化身勇者，幫忙解救國王。到入口領取專用地圖、觀看解說、進入闖關，回答正確就能得到印章，蒐集完19個魔法印章之後，就可以操作機器與魔王對戰，救出國王了。

這裡也是日本唯一的筆筒樹原生林喔

DINO恐龍公園山原亞熱帶之森

MAP P.138 A1

◎許田IC開車約14公里 ◎名護市中山1024-1 ☎0980-54-8515 ◎9:00~18:00(入園至17:30) ◎大人￥1,000、4~15歲￥600 ◎www.okashigoten.co.jp/subtropical ◎有 ▣206 775 882*25 ●須由國道84號路旁的御菓子御殿進入

這座公園是由御菓子御殿經營，前身其實是單純的植物園。在生長史長達一億年的巨大筆筒樹林遮蔽之下，巨大的恐

龍藏匿轉角，就等著帶給遊客驚嚇，園內有腕龍、暴龍、劍龍等超過80頭恐龍，甚至還有恐龍蛋，不僅恐龍本身就帶有機關，還可以租借平板電腦，欣賞到AR技術下栩栩如生的恐龍身影。

名護自然動植物公園

MAP P.138 B1

◎許田IC開車約11公里 ◎名護市名護4607-41 ☎0980-52-6348 ◎9:30~17:30(入園至17:00) ◎大人￥900、小學生￥500 ◎www.neopark.co.jp ◎550個 ▣206 689 725*11

名護自然動植物園雖然規模不是很大，卻可以一次看到不同地區的熱帶動植物。進到園內，最先看到的

是紅鶴聚集的湖泊，彷彿是肯亞納庫魯湖的縮小版，接著是亞馬遜的熱帶雨林，還有水中隧道可以看到亞馬遜河中的生物，最後則可以看到鶴鴕、鴯鶓等大洋洲特有生物。

園內還有重現大正年間「沖繩輕便鐵道」的小火車可以搭乘，乘車費大人￥660、小孩￥440。

用餐選擇

名護美食魅力無法擋，韓劇取景餐廳、在地人激推咖哩，偏好哪一味自己選！

韓劇《沒關係，是愛情啊！》也曾來此取景喔！

むかしむかし
麵食

羊肉麵(大)
¥1,050
推薦菜

名護市中山694-1

由陶藝家父女經營的沖繩麵店，一切崇尚自然的老闆，除了內裝是自己一手打造，製麵用的鹼水也是自己撿拾草木燒製。這裡除了沖繩麵以外還有另一項招牌——羊肉麵，沖繩的山羊肉味道嚐來比台灣的羊肉重上許多，若非重度的羊肉愛好者，推薦可選擇沖繩麵。

P.138A1　許田IC開車約13公里
0980-54-4605　11:00~16:00(售完
為止)　每月第2、4個週四　206 746
545*52

掃地圖

百年古家 大家
沖繩家常料理

沖繩麵
¥869
推薦菜

名護市中山90

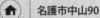

順著清楚的標示駛進蜿蜒小路，可以找到很受歡迎的古民家餐廳「大家」，綠意盎然的山坳裡，三間古意盎然的民家坐落其中，半開放室內的榻榻米座席或餐廳內側面向瀑布的位子各有著不同的惬意景致，以沖繩料理為主的菜單包括黑豬肉、沖繩麵和各種定食，口味清爽道地。

P.138A1　許田IC開車約14公里
0980-53-0280　11:00~16:00、
18:00~21:00　ufuya.com　60個
206 745 056*82

掃地圖

本島北部：名護

141

儘管沒有座位，實在的歐式麵包依舊吸引人潮前來。

Pain de Kaito
麵包

must eat!
各式麵包約
¥100~200
推薦菜

🏠 名護市宇茂佐の森4-2-1

來自東京的Pain de Kaito以法國麵包起家，然而因地制宜，加上與附近農家合作，在這裡也能看到幾項沖繩最具代表的產物，其中紫芋做成的脆皮泡芙，就像一朵嬌豔欲滴的深紫色花朵，南瓜子是小綠葉點綴其上，紫芋味道濃郁，甜而不膩，底下千層脆皮層次分明，酥香爽口，是女孩會很喜歡的一款甜點。

📍P.138A2 🚗許田IC開車約10公里 ☎098-053-5256 🕐8:00~19:00 🈺年末年始 🌐www.paindekaito.co.jp/ 🅿有
206 655 714*30

カレーの店　たんぽぽ
咖哩

must eat!
ビーフカレー
(牛肉咖哩)
¥1,200
推薦菜

🏠 名護市大南1-11-7

カレーの店たんぽぽ是名護當地鼎鼎大名的咖哩店，這裡的咖哩非常濃郁，吃得到濃濃咖哩香與蔬菜的甜味，份量也十分大方，還提供漬物讓客人搭配，喜歡辣的話，甚至還有不同等級的辣度可以挑戰，是在地人都十分推薦的咖哩名店。

📍138A2 🚗許田IC開車約8公里
☎0980-53-4073 🕐12:00~16:00、
18:00~20:00，週末及例假日晚間
17:00~20:00 🈺週二(遇假日營業)
🅿有，免費

掃地圖

店內裝潢也很有趣，用玻璃隔開的紅色皮椅、堆滿各式酒水的吧台，還有暈黃的吊燈，處處都是懷舊的復古風情。

**西部恩納村的海岸線，
大概是所有人印象中純淨的沖繩海邊風景。**

造訪西海岸理由

1 沖繩印象代表

2 最佳兜風路線之一

3 海景度假飯店任挑任選

大象模樣的灰色斷崖、
長滿綠草的絨絨地面，
還有湛藍無邊際的大
海，色彩豐富的萬座毛
風景非常迷人。

MAP P.145
西海岸
にしかいがん／West Coast

　西海岸一帶可以說是「最沖繩的沖繩」，湛藍天
空中飄著朵朵白雲，與之相對的是漸層的藍色大
海，人們在細緻的白色沙灘上遊玩，這樣典型的沖
繩印象，通通源自於這一區，也因為如此，西海岸
有許多度假飯店，就算不入住其中，只要沿著國道
58號來一趟兜風之旅，就能夠欣賞到沖繩之美了。

至少預留時間
萬座毛：30分
部瀨名海中公園：1~1.5小時
沿路兜風玩耍：1天

開車
所有景點都在國道58號
上，可以沿路順行拜訪。
巴士
可從「那霸巴士總站」或
「県庁北口」站搭乘巴士
20、120號，在沿線各飯店
或景點下車。

掃地圖

純淨清透的海水、水裡觸手可及的珊瑚礁群、白色沙灘和晴空

怎麼玩西海岸才聰明？

國道58號

國道58號沿著西海岸線延伸，沿路有城市、景點、海灘、美麗海景和涼爽海風相伴，雖然車流不少，仍是相當愜意的一段路。當地年輕人取苦瓜和數字58的諧音，暱稱這段路為「ゴーパチ」。

水上活動

西海岸擁有大大小小的海灘，除了欣賞雪白沙灘和蔚藍大海外，相當建議來挑戰各式各樣的水上活動，這裡有香蕉船、獨木舟等入門體驗，也有水上鋼鐵人、衝浪飛板等刺激設施，大人小孩都能玩得超開心。

入住度假飯店

來到沖繩怎能不住一回度假飯店呢？西海岸沿岸的度假飯店除了提供舒適的住宿環境和餐食選擇外，最大的特色在於一些地方擁有私人沙灘，可以避開人群，放鬆身心享受假期生活。

DO YOU KNOW

G8高峰會舉辦地

西海岸地區自琉球政府時代就與恩納村、本部半島地區規劃為政府立定公園，回歸日本後改制為「沖繩海岸國定公園」，其中 2000 年的 G8 高峰會，更是在部瀬名岬中的「萬國津梁館」舉行，目前此館也免費開放參觀，還設有咖啡廳喔！

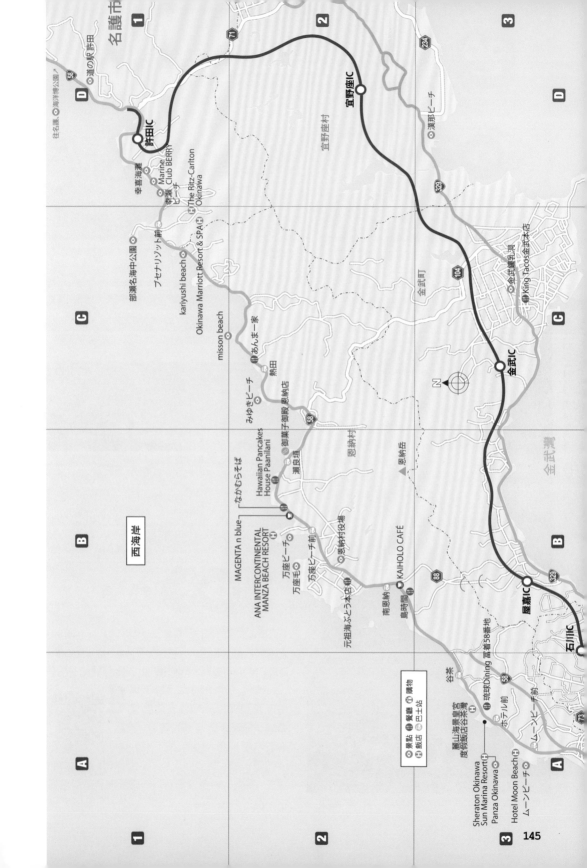

必看重點

來到西海岸絕不能錯過萬座毛和部瀨名海中公園，沿線海灘也是下車遊逛好去處～

👁 MAP P.145 B2　**萬座毛**

🚗屋嘉IC開車約6公里；巴士「恩納村役場前」站步行約15分。 🏠恩納村恩納2767　☎098-966-8080　🕐8:00~19:00　💰步道¥100，國小以下免費　🌐www.manzamo.jp/　🅿315個　📱206 312 039*17

掃地圖

　　萬座毛是恩納海岸的知名景點，名字的意思是「可以坐一萬人的空地」。順步道繞行寬闊的珊瑚礁岬角上，兩側植物都是適合海岸地形的原生植物，沿途可以望見遼闊的海洋景色和北側的萬座海灘。

附近大象形狀的斷崖，則是萬座毛的最具代表的一席風景。

可以欣賞角度廣闊的大海風景

這裡也是韓劇《沒關係，是愛情啊！》來沖繩的取景地

DO YOU KNOW

萬座毛千萬不要晚上去！背後原因很驚悚

沖繩島戰役時，有許多無辜的百姓因在美軍的槍林彈雨中無處可逃，被迫在此集體自殺，此後萬座毛便開始出現各種傳聞，例如有人曾在深夜看到列隊行進的士兵，或是有觀光客在照片中發現，海面上伸出無數雙手，並浮出好幾張面無表情的臉孔等。

👁 MAP P.145 D1　**幸喜海灘**

🚗許田IC開車約2公里　🏠名護市幸喜674-1　☎0980-54-2567　🕐9:00~19:00(4~9月可游泳)　💰入場免費，淋浴¥100/3分鐘。　🅿30個　📱206 443 148*82

　　同樣位於國道58線上的幸喜海灘是西海岸一帶稀有的公營海灘，有著棕櫚搖曳的海灘，因為處於本部半島內側而波浪平緩，白沙碧海一樣相當吸引人。沿著名護市民海灘向北望去，長長的白色沙灘可以一路延伸至部瀨名海中公園一帶。

掃地圖

本島北部：西海岸

👁 MAP P.145 C1 Kariyushi Beach

🚗許田IC開車約4公里 📍名護市喜瀬1996 ☎098-052-4093 🕐9:00~17:00(依季節時間微調) 💰非住客大人¥550、小孩¥330(其他水上活動費用另計) 🌐www.kariyushi-beach.co.jp 🅿30個，免費 🗺206 411 325*36

擁有珊瑚礁和熱帶魚群的海灘Kariyushi Beach，是屬於鄰近飯店Okinawa Beach Resort Ocean Spa的飯店海灘。這裡的水上活動包括水上腳踏車、玻璃船、乘船出海等，也有時下最熱門的Flyboard(水上鋼鐵人)、Hoverboard(衝浪飛板)，綠樹與礁石環繞的海灘風景十分美麗。

白色的棧橋也是遊客拍照的熱點

欣賞景色之餘當然也要玩熱門的水上活動

中展望塔，底風光。從棧橋走進海，透過窗戶欣賞海

玻璃船會在定點停下讓遊客觀察水中生物，建議航行中不要盯著海底，比較不會暈船。

👁 MAP P.145 C1 部瀬名海中公園

🚗許田IC開車約5公里；搭乘20、120號巴士「ブセナリゾート前」站下車徒步即達。 📍名護市喜瀬1744-1 ☎098-052-3379 🕐海中展望塔9:00~18:00 (11~3月~17:30)，入場至閉館前30分。 💰海中展望塔：大人¥1,050，4歲~國中生¥530；玻璃船：大人¥1,560，4歲~國中生¥780；海中展望塔+玻璃船套票：大人¥2,100，4歲~國中生¥1,050 🌐www.busena-marinepark.com 🅿200個，免費 🗺206 442 076*60

沿著美麗的部瀬名海灘前行，可以抵達海中公園的玻璃船碼頭和海中展望塔，一窺沖繩海底的美麗景緻。海中展望塔是海中央的白色小塔，展望的不是海面風景，而是順著環狀樓梯往海裡走，透過圓形窗戶，欣賞海底的珊瑚礁和熱帶魚群！另外，搭上一黑一白鯨魚造型的玻璃船透過中央的玻璃船底，可以看見海溝、滿滿的各式珊瑚礁、追著船跑的熱帶魚群和海星、海膽等海底生物，船上也有提供飼料販售。

沖繩限定海葡萄蓋飯、No.1美式鬆餅，或是在G8宴會廳品嚐下午茶，你選擇哪一味？

推薦的吃法是先直接入口、感受海葡萄原有的鮮甜後，再依自己的喜好添加檸檬水果醋攪拌。

Hawaiian Pancakes House Paanilani
美式鬆餅

ナッツナッツパンケーキ (堅果鬆餅) ¥1,000 推薦菜

 国頭郡恩納村瀬良垣698

位在國道58號線上，Paanilani是一家充滿美式風格的鬆餅店，不甚起眼的店鋪外觀裡是美式風情強烈的簡約裝潢，店內提供多種口味的鬆餅，招牌的堅果鬆餅淋上滿滿的自製堅果醬汁，再搭配香蕉，讓每一口鬆餅都有香濃滋味，好吃極了。

▶P.145B2　🚗許田IC開車約13公里　📞098-966-1154　🕐7:00~17:00(L.O.16:30)　🅿20個，專屬停車場在店鋪正對面　🗺206 314 567*55

 掃地圖

元祖海葡萄本店
海葡萄丼

元祖海葡萄蓋飯 ¥1,300 推薦菜

 恩納村字恩納6092-1

這裡是海葡萄丼的創始店，將沖繩名產海葡萄與醋飯結合，加上新鮮的海膽及山藥泥、鮭魚卵做成的招牌「元祖海葡萄丼」相當美味，店裡牆壁上滿滿的簽名版可看出海葡萄丼受歡迎的程度。

▶P.145B2　🚗屋嘉IC開車約5公里　📞098-966-2588　🕐11:00~21:00　休週二　🌐www.ganso-umibudou.co.jp　🅿40個　🗺206 251 324

掃地圖

正統的美式口味鬆餅，食べログ上沖繩第一名的鬆餅，讓這裡成為

沖繩炒苦瓜 (ゴーヤチャンプルー) ¥800 推薦菜

島時間
沖繩料理

島時間是一間氣氛滿點的古民家空間居酒屋，不但沖繩泡盛的種類十分豐富，店員還會附帶詳細的推薦和說明，傳統口味中結合創意的沖繩料理也相當用心美味。夜裡，民家的木色窗櫺流洩出昏黃燈光，店內光線溫暖、人群喧鬧，彷彿呼喚著路過的旅人們。

▶P.145 B2　🚗屋嘉IC開車約4公里　📞098-966-1111　🕐11:30~15:00(L.O.14:30)、17:00~22:00(L.O.)　休週四　🅿30個　🗺206 191 880*44

 掃地圖

本島北部：西海岸

沖繩離島
小旅行

要 想體感沖繩的大海魅力,那麼絕對不可錯過沖繩離島,除了鄰近本島、開車可達的古宇利島與瀨底島等島嶼之外,本島西方海面上的慶良間群島、宮古島、八重山群島等也是熱門的觀光景點。

於2014年指定為日本第31處國家公園的慶良間群島,海洋透明度名列世界前五名,是潛水客憧憬的深潛天堂;而石垣島所在的八重山群島,從石垣島到鄰近的竹富島,各自有迥異的風情面貌,不妨安排一趟跳島旅行,感受異國小島度假的浪漫。

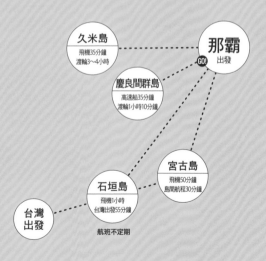

久米島
飛機35分鐘
渡輪3～4小時

那霸
GO! 出發

慶良間群島
高速船35分鐘
渡輪1小時10分鐘

宮古島
飛機50分鐘
島間航程30分鐘

石垣島
飛機1小時
台灣出發55分鐘

台灣
出發

航班不定期

距離沖繩本島最近的離島，船程僅需35分，
推薦給跳島新手的你～

推薦1

距離那霸
約33公里

高速船
約35分鐘

以美麗海灘聞名的渡嘉敷島，是慶良間群島當中最大的島嶼，透明度極高的純淨海水，適合浮潛及各種水上活動。

●座間味島位於座頭鯨繁殖的溫暖海域，每年冬天的12月到4月間，都有機會在這裡看見鯨魚在海上跳躍或甩尾的巨大身影。

©OCVB

慶良間群島
けらましょとう／
Kerama Islands

MAP
P.151

如何前往

從那霸市的泊港搭乘渡輪或高速船，即可抵達慶良間群島各島嶼。泊港的乘船位置劃分為南岸與北岸，位在旅客總站大樓前的南岸為渡輪搭乘處，順著道路步行約10分即可抵達高速船搭乘處的北岸。

◎渡嘉敷島
◐一天1班。泊港10:00出發；渡嘉敷港3~9月16:00出發、10~2月15:30出發 ◐單程大人￥1,690、小學生￥850，來回大人￥3,210、小學生￥1,610

・Marine Liner渡嘉敷
◐一天2班。泊港9:00、16:30出發，10~2月下午提前30分出發；渡嘉敷港10:00、17:30出發，10~2月下午提前30分出發。旺季7~8、9月週五六日，增班13:00泊港出發。 ◐單程大人￥2,530、小學生￥1,270，來回大人￥4,810、小學生￥2,410 ⓦwww.vill.tokashiki.okinawa.jp ❶旺季時容易客滿，建議可事先預約，開放預約時段為發船日2個月前至前一天。另外，每天早上8點會決定當天船班是否運行，記得上網確認 ❶以上票價一位大人可免費帶一名小學以下的幼兒搭乘；
◎座間味島：從那霸泊港出發，經阿嘉後抵達

座間味島。Ferry座間味航程約1.5~2小時，電話：098-868-4567(座間味村 那霸出張所)
◐Ferry座間味：單程大人￥2,150、小學生￥1,080，來回大人￥4,090、小學生￥2,060，座間味港~阿嘉港單程￥200。高速船Queen座間味：單程大人￥3,200、小學生￥1,600，來回大人￥6,080、小學生￥3,040，座間味港~阿嘉港單程￥310 ⓦwww.vill.zamami.okinawa.jp ❶旺季時容易客滿，建議可事前以電話預約，發船日2個月前即可預約，乘船券需至售票處索取 ◐座間味港~阿嘉港：單程大人￥300、小孩￥150 ⓦwww.vill.zamami.okinawa.jp/info/trans.html

從沖繩本島搭船約35分~1小時的慶良間群島，是離沖繩本島最近的離島，由大大小小20餘座島嶼組成，其中只有渡嘉敷島、座間味島、阿嘉島、慶留間島與前島5座島有人居住，其他皆為無人島。也因為人口稀少，才得以維持這片透明度超群的美麗海域，並於2014年被指定為慶良間群島國家公園，吸引許多海上活動愛好者來此潛水、賞鯨。

○ 島上交通

◎渡嘉敷島

除了租車、租摩托車外,在渡嘉敷島也可以利用渡嘉敷觀光巴士,巴士只停靠渡嘉敷港、役場前及阿波連海灘3站,一天約3~4班,單程車資為大人¥400、小學生¥200

🚌 www.shimanavi.com/tokashiki/transport/

◎阿嘉島

到阿嘉島遊玩,除了依賴體驗活動業者接送外,較推薦租借電動車,租借自行車當然也可以,但阿嘉島地勢起伏,電動車相對來說較為輕鬆。

◎座間味島

在座間味島也可利用巴士來移動,停靠站只有座間味港、古座間味海灘、阿佐公民館、阿真露營場4處,1天約6~8班車(依季節調整),單程車資為大人¥300、小學生¥150。

🚌 www.vill.zamami.okinawa.jp/info/trans.html

Did YOU KnoW

為什麼沖繩的海特別藍?

沖繩的海洋之所以會呈現鮮豔透亮的藍綠色,有兩個最大的原因。1.沖繩海灘的沙子多是從海底被海浪打上岸的珊瑚礁碎屑,因此呈現白色。2.沖繩的海中營養成分低,因此海中浮游生物無法在此生存,使得海水更加清澈透明。有白色的沙子作為底色,再加上透明海水,才創造出沖繩本島獨有的翡翠色海洋。

©OCVB

同場加映:沖繩離島小旅行

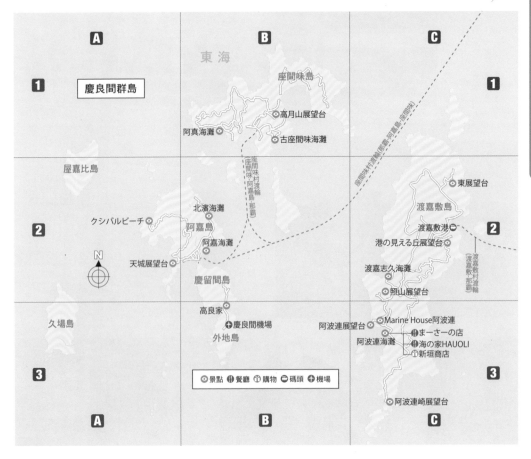

東海

慶良間群島

A1 / B1 / C1

座間味島

高月山展望台

阿真海灘

古座間味海灘

屋嘉比島

東展望台

北濱海灘

渡嘉敷島

クシバルビーチ

阿嘉島

渡嘉敷港

阿嘉海灘

港の見える丘展望台

天城展望台

渡嘉志久海灘

慶留間島

照山展望台

久場島

高良家

慶良間機場

外地島

阿波連展望台

Marine House阿波連

まーさーの店

阿波連海灘

海の家HAUOLI

新垣商店

阿波連崎展望台

◎景點 ⑪餐廳 ⑪購物 ⚓碼頭 ✈機場

座間味村渡輪 座間味港 那霸

座間味村渡輪 阿嘉島 那霸

渡嘉敷村渡輪(渡嘉敷港 那霸)

N

① 阿波連海灘

阿波連海灘是渡嘉敷島上最熱門的景點，同時也是規模最大的海灘，白色沙灘上五顏六色的洋傘密集地排列其中，而遊客們或是在此曬太陽，或是在岸邊戲水、浮潛，盡情享受海島的水上風情。

ⓜP.151C3 ⓒ渡嘉敷港開車約15分 ⓐ渡嘉敷村阿波連 ☎098-987-2333(渡嘉敷村商工觀光課) ⓣ自由入場 ⓟ有 ㊙1087 281 862*75

從海灘徒步不到3分鐘就可以來到一旁的阿波連集落，用正無論是想吃冰、用正餐或是來杯冷飲，都可滿足你的需求。

同場加映：沖繩離島小旅行

---

② Marine House Aharen

這間兼營民宿的Marine House Aharen，提供了獨木舟、水上摩托車、香蕉船等各水上活動，最受台灣遊客歡迎的就是浮潛。在做好行前準備後教練便會帶著大家搭乘玻璃船出海，沿途遇到珊瑚礁還會停下來讓大家欣賞。抵達定點後，下海自由享受潛水樂趣，不諳水性的人也可拉著教練的游泳圈，讓教練帶著你遊覽。

ⓜP.151C3 ⓒ渡嘉敷港開車約15分，提供港口接送。 ⓐ渡嘉敷村字阿波連106 ☎098-987-2335 ⓣ8:30～22:00 ⓢ浮潛行程¥5500。體驗時間加上行前說明報到、體驗後沖洗換裝，總計約3小時左右。 ⓦwww.aharen.com ⓟ免費 ㊙905 026 197*58

不要一直盯著船底以免暈船

清澈透明的海底有著無數的鮮豔魚兒四處悠游

 以「海龜」馳名的渡嘉志久海灘
據説，只要在沙灘上待上一整天，有非常高的機率能夠一睹海龜的風姿，運氣好的話，還可以在浮潛時與海龜共同悠游在這片湛藍大海中，甚至是近距離觀賞海龜進食。

4 渡嘉志久海灘
從港口搭車翻過山嶺，沿途絕美的海岸景色讓人驚嘆，不久便來到西側的海岸景點。位在渡嘉敷島中央西側位置的渡嘉志久海灘，是島上規模第二大的海灘，從海面上望去，可看到連結阿嘉島與慶留間島的阿嘉大橋，因遊客不若阿波連海灘那麼多，可以享受比較安靜閒適的海島度假時光。
📍P.151C2 🚗渡嘉敷港開車約15分 🏠渡嘉敷村渡嘉敷 ☎098-987-2426(Tokashiku Marine Village) ⏰自由參觀 🌐www.tokashiku.com (Tokashiku Marine Village) ❶海灘上的Tokashiku Marine Village提供住宿、用餐及水上活動體驗 🅿有 🗺905 056 688*28

3 まーさーの店
深受當地居民喜愛的まーさーの店，就位在阿波連海灘出入口的那條道路上，白天販售Taco Rice、沖繩麵、酥炸島魚定食等，大份量無論男女都能飽餐一頓，晚上則化身成為居酒屋。若有在渡嘉敷島過夜的話，除了可以買罐裝酒回住宿處小酌外，也可以來這裡感受島嶼夜晚的放鬆。
📍P.151C3 🚗渡嘉敷港開車約15分 🏠渡嘉敷村字阿波連176 ☎098-987-2911 ⏰11:30~15:00、18:30~22:00 🈺週三 🅿無 🗺905 026 078*11

©OCVB

位在山腰處的展望台有著規劃完善的兩層式木製看台與座椅，欣賞小島的悠閒風光

5 港の見える丘展望台
顧名思義，這個展望台就是可欣賞到港口的景色，港口旁的民家聚集的渡嘉敷集落，被綠意山林及澄澈海水所環繞，雖然沒有超廣角的視野或是無敵海景，但卻有著島嶼的獨特風情，在此休息賞景感覺無比暢快悠閒。
📍P.151C2 🚗渡嘉敷港開車約8分；或從渡嘉敷港步行約30~40分，沿著渡嘉敷川走，過了くんみ橋後繼續往山上走即可抵達，上坡道路約走20分鐘。 🏠渡嘉敷村渡嘉敷 ☎098-987-2333(渡嘉敷村商工観光課) ⏰自由參觀 🅿有 🗺905 089 876*30

同場加映：沖繩離島小旅行

日本國寶級動畫大師宮崎駿曾在造訪久米島時大讚，「久米島正是這個世界的天堂。」

同場加映：沖繩離島小旅行

推薦2
距離那霸
約116公里
從那霸機場搭國內線
約35分鐘

MAP P.155

久米島
くめじま／Kume Island

如何前往

◎飛機：那霸機場~久米島機場，航程約35分，每日有4~7班。

◎渡輪：泊港~兼城港，船程約3~4小時，每天上下午各2班往返，泊港9:00、14:00出發，兼城港9:00、14:00出發，下午船班不停靠渡名喜島（僅4~10月的週五下午航班會停靠）。 單程大人￥3450、小孩￥1,730，來回大人￥6,560、小孩￥3,110。

※通常週一僅行駛上午船班

🌐 www.kumeline.com

久米島為沖繩第五大島，也是著名的潛水聖地。位在本島以西約100公里，久米島曾獨立於琉球王國，以海上貿易為生，島上留有百年歷史的宮殿、古城和宗教遺跡，也擁有自己的泡盛酒造。以跨海橋樑相連的奧武島以火山溶岩形成的龜甲狀疊石聞名，東面的海上沙灘終端之浜則可由島上搭船前往。由於久米島可以遊玩的景點很多，建議住上一夜才能盡興！

久米島東北方的比屋定山崖，不僅能夠眺望周邊島嶼、遠望沖繩本島，湛藍的海洋與若隱若現的珊瑚礁更是美麗。

當天來回的行程

○ 島上交通

◎久米島上有町營巴士可以搭乘,也有汽車、腳踏車的租車處。

◎島上景點分散,遊玩時建議還是優先考量自駕,不過若是想去的景點不多,也可以考慮利用計程車或町營巴士前往,島上有多條巴士路線運行,主要會利用的是「空港線」與「一周線」(分左迴與右迴),平均一天各有5~6班,車資依乘車距離變動,出發前記得先確認時刻表。

🚌 www.town.kumejima.okinawa.jp/docs/bus/timeline.html

女岩看似中間被侵蝕了一個岩洞,但其實是由兩塊岩石靠在一起而成,據説女性來此祈拜便能順利求子。

©Cypress Resort 久米島

東面的終端之浜,是久米島最具代表的景色,儘管需要搭船前往,但仍是人氣No.1的景點。

同場加映:沖繩離島小旅行

久米島

久米島博物館

兼城港

久米島(久米島～渡名喜、那霸)

女岩
タチジャミ
具志川城跡
久米島海洋深層水開發
宇江城跡
幽靈坡
比屋定山崖
久米總合開發
久米島機場
五枝の松
シンリ浜
Cypress Resort 久米島
上江洲家
久米島そば処 やん小～
久米島紬ユイマール館
天后宮
久米町役場
波路
疊石
終端之浜
Eef Beach
スリーピース
Resort Hotel久米Island
Kumejima Eef Beach Hotel
鳥の口

久米島
東海
奥武島

景點　餐廳　麵食　飯店
寺廟　機場　博物館

155

雖然現場無法俯瞰這片美景，但光是感受四面海水環繞，就讓人回味無窮。

1 終端之浜
只要搜尋久米島，一定會看到以空拍取景、浮現於海面上的不規則亮白海灘，這讓人震懾的美麗風景，正是久米島東方外海約5公里處、需搭船才可抵達的終端之浜，也是久米島最受歡迎的景點。來到這可以只是漫步賞景，但大力推薦一定要玩玩浮潛或深潛，光是浮潛就可看到無數可愛小魚，潛水後更能近距離欣賞水中的繽紛世界。

掃地圖

⚐P.155B2 ◎從「泊フィッシャリーナ港」(Tomari Fisharina)搭船約20~30分 ⓐ久米島町(謝名堂沖合)
☎098-896-7010(久米島町觀光協會) ◎沒有定期航班，需參加行程才可前往(分為半日、一日行程)。 ☺
Island Expert：ie-kumejima.com、Eef Sports Club：www.aqua-navi.com、はての浜 光サービス：inhatenohama.wixsite.com/hatenohama ⚐905 026 078*11

3 女岩
被稱為女岩的岩石看似中間被侵蝕了一個岩洞，但其實是由兩塊岩石靠在一起而成，靠海的一側為石灰岩，裡頭的一側則是400萬年前形成的火成岩「凝灰角礫岩」，據說女性來此祈拜便能順利求子。而每到夏至前後，還可看到旭日從岩洞中升起的特殊日出景象。

⚐P.155 A1 ◎久米島機場開車約15分；巴士「仲村渠」站步行約20分 ⓐ久米島町字仲村渠 ☎098-896-7010(久米島町觀光協會) ◎自由參觀 ⓟ免費 ⓐ男岩(ガラサー山)位在兼城港附近 ⚐669 765 800*05

掃地圖

退潮時可看到幾近平滑的岩石表面有著直徑約1~2公尺六角形紋路。

---

2 疊石

掃地圖

位在奧武島西南側海岸的疊石，在約2千萬年前，火山熔岩在地底下冷卻時裂成規則的六角形，長年累月經海浪的侵蝕，原本高低不規則岩石也逐漸平坦，延伸範圍則近3000平方公尺，讓人感受到大自然造物的神奇。

ⓜP.155B2 ⊙久米島機場開車約30分；巴士「西奧武」站步行約3分。 ⋒久米島町奧武 ☎098-896-7010(久米島町觀光協會) ◎自由參觀 ℗免費 ⊞669 594 753*25

---

4 イーフビーチ

掃地圖

久米島東側的白色沙灘Eef Beach曾入選為「日本海岸百選」之一，是久米島代表的海灘之一，延伸約2公里，每到夏季就成為遊客們最愛的消暑勝地，可以在這裡玩風帆、香蕉船、浮潛，也可以在岸邊做做日光浴，讓這片海灘熱鬧不已。

ⓜP.155B2 ⊙久米島機場開車約20分；巴士「イーフビーチホテル・民宿村前」站下車步行即達。 ⋒久米島町宇謝名堂 ☎098-896-7010(久米島町観光協会) ◎自由入場 ℗免費 ⊞669 592 435*83

---

5 宇江城跡

掃地圖

久米島上過去擁有超過10處的古城，現在島上留下最主要的城跡為具志川城跡、宇江城城跡、登武那霸城跡以及伊敷索城跡4處。宇江城城跡位在宇江城岳山頂處，標高約310公尺，有著360度的全觀視野，不只可欣賞島上景色，天氣晴朗時還可遠眺終端之浜及渡名喜島等鄰近小島。

ⓜP.155A1 ⊙久米島機場開車約30分 ⋒久米島町宇江城 ☎098-896-7010(久米島町觀光協會) ◎自由參觀 ℗免費 ⊞669 737 824*33

2009年被指定為國家歷史遺跡

同場加映：沖繩離島小旅行

Did YOU KnoW

鬧鬼了？車子竟會自己爬坡？！

宇江城跡附近有段神秘的「幽靈坂」，開車行進於這段下坡道路時，若切換到空檔，車子竟然會自己上坡？其實在日本多處都有被稱作「幽靈坂」的坡道，原理是——因道路坡道與兩旁景色等原因引起視覺上的錯覺，才會以為自己受到不知名的外力所控制。

搭上飛機只要50分鐘，
就能遇見無敵宮古藍和日本最佳海灘。

想要充分享受南國風情的話，不妨選家度假酒店，並參加高爾夫球的體驗行程吧。

推薦3
距離那霸
約287公里
從那霸機場搭國內線
約45分鐘

島上的體驗工藝村裡可以體驗藍染、陶藝、織布、草編等多項宮古島的傳統工藝。

宮古島
みやこじま／Miyako Island

MAP P.159

如何前往

A. 從台灣沒有飛機直達，建議可至沖繩那霸機場搭乘日本國內線航班。全程約45分鐘，可搭乘全日空航空 www.ana.co.jp/zh/tw/ 或日本航空 www.jal.co.jp/tw/zhtw/ 。

B. 台灣雖沒有直飛班機，但有郵輪旅行方案可供選擇，船上享受奢華度假時光，下船自駕體驗宮古島之美。

宮古島，這座離台灣只有300公里不到的小島，多颱風，地型平坦，無山無河。被稱為「療癒之島」的宮古島有著豐富自然與純厚人文，因此在島上也發展出多面向的觀光設施。周邊還有池間島、伊良部島、來間島、下地島、多良間島等小島，也因此除了宮古藍讓人沉醉以外，還可以自駕通過跨海大橋，前往離島一遊，欣賞比宮古島更為純淨的蔚藍海景呢。

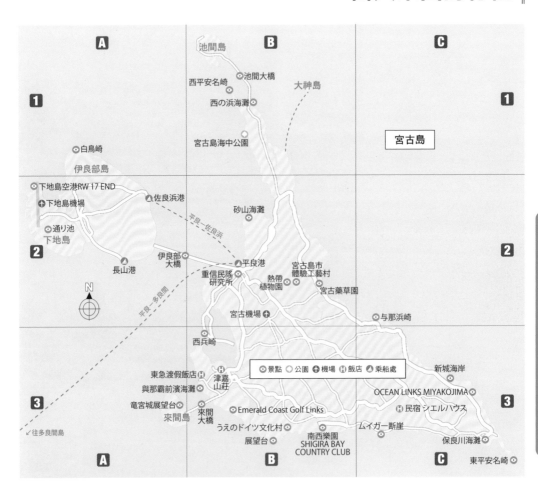

同場加映：沖繩離島小旅行

A B C

1

白鳥崎

伊良部島

宮古島海中公園

宮古島

2

下地島空港RW 17 END

下地島機場

佐良浜港

砂山海灘

通り池

下地島

平良—佐良浜

長山港

伊良部大橋

平良港

重信民謠研究所

熱帶植物園

宮古島市體驗工藝村

宮古藥草園

N

平良—多良間

宮古機場

与那浜崎

西兵崎

◉景點 ◎公園 ✈機場 ⊞飯店 ⛴乘船處

新城海岸

3

東急渡假飯店

津嘉山莊

與那霸前濱海灘

OCEAN LINKS MIYAKOJIMA

竜宮城展望台

來間大橋

來間島

Emerald Coast Golf Links

民宿 シエルハウス

ムイガー斷崖

往多良間

うえのドイツ文化村

展望台

南西樂園
SHIGIRA BAY
COUNTRY CLUB

保良川海灘

東平安名崎

池間島

池間大橋

大神島

西平安名崎

西の浜海灘

牧山展望台距離伊良部大橋不遠，是前往伊良部島的順遊景點之一，登上展望台就可以一覽宮古島景色。

🔊

宮古島まもる君

開車行走在宮古島的路上，也許你會被路邊的人形嚇到，不過不用怕，這是宮古島警察署為了要防止島民發生交通意外，特地製作警察人形放置在事故多發的路口，提醒人們減速慢行，取名為「まもる君」(守護君)，後來還加入了身著紅衣白褲的妹妹「まる子ちゃん」。

❗まもる君遍佈全島，目前共有20個。

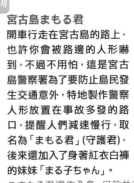

不僅是宮古島的代表海灘，更被譽為「東洋第一美」的海灘。

1 与那霸前浜海灘
　　与那霸前浜是宮古島最知名的海灘之一，這裡曾連續數年被旅遊網站Tripadvisor選為日本最佳海灘。与那霸前浜擁有雪白的沙灘，沙灘綿延將近7公里長，而蔚藍的海水前方，正是宮古群島中的來間島，光是在沙灘上欣賞美麗風景、悠閒度過，就已讓人十分難忘。

🅟P.159B3　🚗宮古機場開車12分　🏠宮古島市下地字与那霸1199　☎0980-73-1881(宮古島観光協会)　🅿有　🅜310 211 709*36

傍晚的夕陽景色也是一絕！

從展望台可以將太平洋的壯麗盡收眼底！

2 東平安名崎
　　東平安名崎位在宮古島東南端，離繁華的平良市街約有40分鐘車程。被列為日本百景之一的東平安名崎面對太平洋，從高地向下望去，壯麗的美景盡收眼底。立在崖邊的燈塔已成為這裡的地標，環繞燈塔的步道貼進海岸，望去十分有迫力。

🅟P.159C3　🚗宮古機場開車約30分　🏠宮古島市城辺町保良平安　☎燈塔090-8294-4010　🕐燈塔9:30～16:30　🅢燈塔：大人¥300，小學以下免費　🈺天候不佳時　🅿50個　🅜310 176 820*30

燈塔附近還有人力車店家，可以搭車輕鬆賞景。

同場加映：沖繩離島小旅行

在翡翠般的大海環抱中兜風，美麗景色讓大橋迅速竄紅成為宮古島必遊景點。

3 伊良部大橋

掃地圖

伊良部大橋連接宮古島與伊良部島，全長3540公尺，這座大橋不僅是沖繩最長的橋，也是日本最長的免費橋梁，更讓人稱道的是伊良部大橋的美景。沿著橫跨海洋的大橋前行，一路上兩旁都是蔚藍的海水，為了讓船隻通行，靠近伊良部島一段的橋樑甚至還向上拔高，景色也因此增添變化。

📍P.159A2,B2 🚗宮古機場開車10分 🏠宮古島市平良久貝(252號線上) 🗺721 163 339*17

4 通り池

掃地圖

通り池位在下地島，據說這裡以前是鐘乳石洞，受到雨水長期侵蝕後，才形成了這兩個幾乎一樣大的缺口，被合稱為「通り池」。說是「池」，其實通り池下方有一處高45公尺、寬20公尺左右的巨大洞窟，讓通り池與廣闊海洋相通，也因此成為深潛的絕佳地點，但因為水深45公尺，較適合有經驗的潛水愛好者挑戰。

📍P.159A2 🚗宮古機場開車35分 🏠宮古島市伊良部字佐和田 ☎0980-78-6250(伊良部町役場商工觀光課) 🅿20個，免費 🗺721 241 404*17

在看似棧橋的引導燈附近，可以看到一望無際的透明大海，陽光下呈現的碧藍色讓人難忘。

從陸上欣賞通り池倒映的風景

掃地圖

被暱稱為「17 END」的秘密絕景

5 下地島空港RW 17 END

位在下地島空港外圍的道路，有一處被許多人認為是宮古島絕景的景觀，只要沿著機場外的道路行進，就會來到這裡——下地島空港RW 17 END。RW是指飛機滑道，而此地就是17號滑道的終點。

📍P.159A2 🚗宮古機場開車12分 🏠宮古島市下地字与那霸1199 ☎0980-73-1881(宮古島觀光協會) 🅿無，可路邊停車 🗺721 301 477*60

台灣/那霸出發都方便，
留宿一夜更從容～

石垣島是八重山諸島的政治、經濟和交通中心，總面積約229平方公里，只比金門大1.5倍左右，是沖繩群島當中第三大島。

石垣島上最熱鬧的區域就在石垣港離島碼頭附近，聚集了超過100間的餐飲店、雜貨舖與土特產店等商家。

推薦4
距離那霸
約411公里
從那霸機場搭國內線
約1小時

MAP P.163

石垣島
いしがきじま／Ishigaki Island

如何前往

A. 從那霸機場搭乘國內線至新石垣機場，航程約1小時，可選搭日本國內線航班，可搭乘全日空航空 www.ana.co.jp/zh/tw/ 、日本航空 www.jal.co.jp/tw/zhtw/ 或 Solaseed Air www.solaseedair.jp/tw/ 。

B. 若從台灣出發，可搭乘桃園機場與新石垣機場間，由華航提供的不定期航班，航程約55分鐘；此外，也可利用郵輪行程。

C. 若打算串聯宮古島行程，也可搭乘國內線飛機，兩島間航程約30分鐘。

　或許是因為石垣島與台灣有飛機直航，甚至也有郵輪會停靠於此，說到沖繩的離島，相信大部分人都會最先想到石垣島，其實石垣島的確很熱鬧，這裡是沖繩的第三大島，市中心熱鬧程度與本島不相上下，島民的熱情之外，還有美麗自然與人文風景，濃濃的南國風情讓人難忘。

○ 島上交通

在石垣島最推薦的移動方式就是自駕，但除了自駕外，善用巴士及計程車也可輕鬆遊覽石垣島上的觀光名所。

◎巴士
石垣島上的巴士系統巡迴於各大景點間，每個系統一天也有多班次運行，但建議還是事先查好時刻表，以防錯過班次。

◎觀光巴士
島上的定期觀光巴士也很推薦，不用事前預約，只要當天出發前15分鐘左右到巴士總站的售票窗口購票即可參加。

🚌 www.azumabus.co.jp/(東運輸)

◎計程車
石垣島上有許多計程車公司，若是4人座的小型計程車，一般從¥430起跳，1.167公里後則每365公尺加¥60。除了A點至B點的連結外，也可參考計程車公司推出的觀光行程，視路線約2~7小時不等，若多人出遊可考慮其行程。

🚌 www.ishigakijima-kotsu.com(石垣島交通)

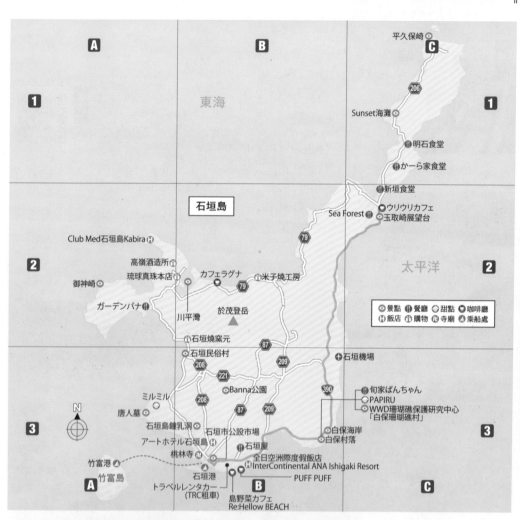

同場加映：沖繩離島小旅行

A **B** **C**

1 **1**

東海

平久保崎

206

Sunset海灘

明石食堂

かーら家食堂

新垣食堂

石垣島

Sea Forest ウリウリカフェ
玉取崎展望台

79

Club Med石垣島Kabira **H**

2 **2**

太平洋

高嶺酒造所
琉球真珠本店 カフェラグナ 米子燒工房
御神崎 79

ガーデンパナ 於茂登岳

川平灣

石垣燒窯元 87

石垣民俗村 石垣機場

208 209

3 **3**

ミルミル 208 390 旬家ばんちゃん
唐人墓 87 PAPIRU
221 WWD珊瑚礁保護研究中心
石垣島鐘乳洞 Banna公園 「白保珊瑚礁村」
石垣市公設市場 209
アートホテル石垣島 **H** 白保海岸
石垣屋 白保村落
桃林寺

竹富港 全日空洲際度假飯店
竹富島 石垣港 **H** InterContinental ANA Ishigaki Resort
トラベルレンタカー PUFF PUFF
A (TRC租車) 島野菜カフェ
B Re:Hellow BEACH **C**

◎景點 ⑪餐廳 ◎甜點 ◎咖啡廳
H飯店 ◎購物 卍寺廟 ◎乘船處

 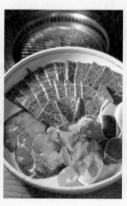 

說到石垣島的美食，十之八九會先想到石垣牛，一定要大口
享用石垣牛烤肉。

① 川平灣
位於石垣北端的川平灣，碧綠淺藍的海水、柔細潔白的沙灘，四周還浮著幾座綠林茂盛的小島。川平灣因潮流關係，無法下海游泳潛水，但可以選擇搭乘玻璃船，一覽海底美景。登上展望台能夠一眼望盡海灣美景，這裡同時也是日本唯一的黑珍珠養殖地，眺望川平美景時，就可清楚看見海灣上飄浮一排排的珍珠筏，下面就繫著養殖黑珍珠的黑蝶貝。

掃地圖

📍P.163B2 🚗新石垣機場開車約40分，從石垣市中心開車約30分 🏠石垣市川平934 ☎0980-82-1535(石垣市觀光文化課) 🕐玻璃船9:00~17:00 💲自由參觀，玻璃船大人¥1,030、小孩¥520。 🅿約15個(亦設有收費停車場) 🗺366 422 630*82

曾被選為日本八大名景，也時常成為日劇和電影的取景地。

天氣晴朗時還可看到多良間島

② 平久保崎
位於石垣島最北端的岬角——平久保崎，平久保半島上高低起伏的丘陵造就絕佳賞景地點，站立在緩坡上往北方望去，腳下綠色草原形成一方天地，佇立其上的白色燈塔後映襯著一片無垠的藍天碧海，是石垣島代表的景色之一。

掃地圖

📍P.163C1 🚗新石垣機場開車約50分 🏠石垣市平久保 ☎0980-82-2809(石垣市觀光交流協會) 🕐自由參觀 🅿約8個 🗺1036 067 415*41 ❗需注意強風

同場加映：沖繩離島小旅行

從陸上欣賞通り池倒映的風景

④ 石垣民俗村
　石垣島不時飄散著一股淳樸風情，在由八重山民俗村改名而成的石垣民俗村尤其能感受得到。村內可以著上傳統琉球服飾，也能體驗三板的響音樂趣，但最受歡迎的則是松鼠猴之森，小猴子們自由地在樹梢來去，有時甚至會爬到遊客身上，模樣惹人憐愛。

掃地圖

◆P.163B3 ⊘新石垣機場開車約25分，從石垣市中心開車約20分 ⌂石垣市元名蔵967-1 ☎0980-82-8798 ◷9:00~17:30(入園至17:00) ⑤大人¥1000、小孩¥500 ⓦwww.yaimamura.com/ ⓟ100個 囲366 212 819*28

③ 玉取崎展望台
　位在石垣島東北沿岸的玉取崎展望台座落在綠意環繞的小山丘上，從停車場沿著規劃良善、鮮豔木槿夾道的步道行走，不消幾分鐘即可登上展望台，從北方望去即可看到石垣島上最大的半島——平久保半島的美麗景色在腳下展開，並且可同時看到東海及太平洋，生長繁茂的草木與澄澈的海灘形成絕美的景觀，讓人驚嘆於大自然的美好。

掃地圖

◆P.163C2 ⊘新石垣機場開車約25分 ⌂石垣市伊原間 ☎0980-82-1535(石垣市觀光文化課) ◔自由參觀 ⓟ20個 囲366 558 192

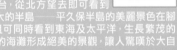
感受淳樸風情的最佳去處

可愛的小猴子是村內的明星

同場加映：沖繩離島小旅行

石垣島最西端的海岬

⑤ 御神崎
　沿著石階登上雪白燈塔時，左邊可眺望澎湃洶湧的海景，右邊則是雄偉嶙峋的奇岩峭壁，強烈對比的景觀令人讚嘆。每年4月至5月鬱香百合滿山遍野，燈塔周圍綠草如茵，更是美不勝收。這裡同時以夕陽與晚霞美景著稱，夜晚也可在此欣賞到滿天星斗的美麗星空。

掃地圖

◆P.163A2 ⊘新石垣機場開車約1小時，從石垣市中心開車約25分 ⌂石垣市崎枝 ⓟ約10個 囲956 699 552*53

竹富島

自石垣島乘船約10分鐘的距離，竹富島總面積不到6平方公里，井然有序的古民家磚紅屋簷和白色細砂鋪成的小徑，刻劃出質樸又夢幻的原鄉風景。搭乘水牛車、聽著車夫哼著歌，彷彿走入時光隧道回到過去，風也和緩，人也和緩。

從石垣港搭乘渡輪，約10~15分航程即達竹富島，每30分鐘一班，單程大人￥700、小孩￥360，來回大人￥1,340、小孩￥690。

©竹富町観光協会

同場加映：沖繩離島小旅行

竹富島

	Ⓐ	Ⓑ	Ⓒ
Ⓐ		Ⓑ	Ⓒ

南西観光
竹富島玻璃船海底遊覧
竹富島ゆがふ館ⓘ
新田観光
竹富東港
西棧橋◎
竹富島集落
◎なごみの塔
◎竹富観光中心
コンドイビーチ
◎ンブフル展望台

N

ⓗ虹夕諾雅 沖繩

◎皆治浜　　　　竹富島　　　◎アイヤル浜

竹富組合牧場●

◎景點　⛴乘船處　ⓗ飯店　ⓘ遊客服務中心

西棧橋

2005年列入國家登錄有形文化的西棧橋，位在竹富島西岸，長約100公尺的棧橋向湛藍的晴空與大海延伸而出，優美如畫景色常成為廣告、戲劇的取景地。西棧橋過去是與西表島有船隻往來的棧道，現在除了欣賞海景，也是島上知名的賞夕陽與星空的景點。

🅿P.166A1 🚶竹富港步行約25分 🏠竹富町竹富207 ☎0980-82-5445(竹富町觀光協會) ⏰自由參觀 💻painusima.com/899/

掃地圖

延伸到大海之中的景色，可說是島上最美的景點。

這裡禁止下海游泳，需特別注意。

©竹富町観光協会

皆治浜

傳說中能喚來幸運的星砂海灘，是竹富島最浪漫的景點之一，純白潔淨的秘密海灘，捧起細砂凝神注視，竟是一顆顆迷你的星星形狀，其實這些並不是沙子，而是有孔蟲的外殼，在沙灘上的賣店還可購買星沙鑰匙圈等紀念品。

🅿P.166A3 🚶竹富港步行約30分 🏠竹富町竹富 ☎0980-82-5445(竹富町觀光協會) ⏰自由參觀

掃地圖

コンドイビーチ

這片海灘不只是竹富島知名的海灘，在整個八重山群島中也是景色數一數二優美的海灘，岸邊的水深相當淺，且幾乎沒甚麼海浪，所以相當安全，適合一家大小來此戲水。

🅿P.166A2 🚶竹富港步行約25分 🏠竹富町竹富 ☎0980-82-5445(竹富町觀光協會) ⏰自由參觀

掃地圖
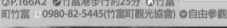

水牛車

水牛車行走在白砂小徑上，道路沿途兩旁為珊瑚咾咕石堆疊起的外牆，桃紅色的九重葛與草木茂盛地從牆中探出身來，裏頭的紅瓦古宅也延續沖繩鄉間的古樸韻味，伴著導覽員的三線樂聲，極富情調。

🅿P.166 🚌竹富港巴士接送約5分 ☎0980-85-2103(新田觀光)、0980-85-2998(竹富觀光中心) ⏰水牛車約9:00~16:00(隨時出發)，全程約30~40分。 ❌種子取祭期間、颱風天 💰大人¥1,500~2,000、小孩¥750~1,000 💻www.nitta-k.net(新田觀光)、suigyu.net(竹富觀光中心)

沖繩

29

City Target

沖繩/墨刻編輯部作. -- 初版. -- 臺北市：墨刻出版股份有限公司出版：英屬蓋曼群島商家庭傳媒股份有限公司城邦分公司發行, 2023.07- (Mook city target ; 29)

168面 ;16.8×23公分

ISBN 978-986-289-893-2(平裝)

1.CST: 旅遊 2.CST: 日本沖繩縣

731.7889　　　112009075

作者墨刻編輯部
攝影墨刻編輯部
主編陳楷琪‧陳瑋玲
美術設計李英娟‧陳瑋玲（特約）
封面插畫Amy
地圖繪製墨刻編輯部‧Nina（特約）

出版公司
墨刻出版股份有限公司
地址：台北市104民生東路二段141號9樓
電話：886-2-2500-7008/傳真：886-2-2500-7796
E-mail：mook_service@hmg.com.tw

發行公司
英屬蓋曼群島商家庭傳媒股份有限公司城邦分公司
城邦讀書花園：www.cite.com.tw
劃撥：19863813/戶名：書虫股份有限公司
香港發行城邦（香港）出版集團有限公司
地址：香港灣仔駱克道193號東超商業中心1樓
電話：852-2508-6231/傳真：852-2578-9337
馬新發行城邦（馬新）出版集團 Cite (M) Sdn Bhd
地址：41, Jalan Radin Anum, Bandar Baru Sri Petaling,
57000 Kuala Lumpur, Malaysia.
電話：(603)90563833/傳真：(603)90576622/
E-mail：services@cite.my

製版‧印刷凱林彩印股份有限公司
ISBN978-986-289-893-2‧978-986-289-894-9(EPUB)
城邦書號KV4029
定價360元
初版2023年7月 初版2刷2023年11月

MOOK官網www.mook.com.tw
Facebook粉絲團www.facebook.com/travelmook

執行長何飛鵬
PCH集團生活旅遊事業總經理暨墨刻出版社長李淑霞

總編輯汪雨菁
資深主編呂宛霖
採訪編輯趙思語‧唐德容‧陳楷琪‧王藝霏‧李英娟
叢書編輯
資深美術設計主任羅婕云
資深美術設計李英娟
影音企劃執行邱茗晨

資深業務經理詹顏嘉
業務經理劉玫玟
業務專員程麒
行銷企畫經理呂妙君
行銷企畫專員許立心
業務行政專員呂瑜珊

印務部經理王竟為

U0020359